LA PSICOLOGÍA DEL MERECIMIENTO

(El arte de merecer las cosas buenas de la vida)

Hector Williams Zorrilla

La psicología del merecimiento

(El arte de merecer las cosas buenas de la vida)

Se efectuó el depósito de la ley en la Biblioteca del Congreso de los Estados Unidos. Washington, D.C.

Copyright 2025

Hector Williams Zorrilla

©Library of Congress of United States of America Library of Congress Control Number:

Todos los derechos reservados. Esta publicación no puede ser reproducida, ni en parte ni en un todo, ni registrada en, o transmitida por, un sistema de recuperación de información, en ninguna forma ni por ningún medio, sea mecánico, fotoquímico, electrónico, magnético, electroóptico, por fotocopia o cualquier otro medio, sin permiso previo por escrito del autor.

@La psicología del merecimiento

(El arte merecer las cosas buenas de la vida) @Hector Williams Zorrilla

Primera edición – Agosto del 2025 United States of América

ISBN: 979-8-9985318-4-2

© 2025 PUBLICACIONES LIVING MISSION MINISTRIES, INC.

Índice

CAPÍTULO 1: 53
Definiciones de merecer, merecido, merecimiento 53
- Historia corta: 53
- Ejercicio # 1: 56
- Ejercicio # 2: 56
- Piénsalo bien: 56
- Preguntas curiosas 58
- El arte de merecer 58

CAPÍTULO 2: 63
La psicología merecimiento y el desarrollo infantil 63
- Historia corta. Juan parte 2. 63
- Ejercicio # 1 66
- Ejercicio # 2 66
- Piénsalo bien: 66
- Preguntas curiosas 68
- El arte de merecer 68

CAPÍTULO 3: 71
La psicología del merecimiento y los rasgos predominantes de la personalidad 71
- Historia corta 71
- Ejercicio # 1 75
- Ejercicio # 2 75
- Piénsalo bien: 75
- Preguntas curiosas 77
- El arte de merecer 77

CAPÍTULO 4: 81
La psicología del merecimiento, la identidad y la autoestima 81
- Historia corta 81
- Dr. William James 82
- Dr. Morris Rosenberg 82
- Dr. Abraham Maslow 83
- Dr. Erik Erikson 83
- Dr. Alfred Adler 83

Dr. Nathaniel Braden 84
Ejercicio # 1 87
Ejercicio # 2 87
Piénsalo bien: 87
El arte de merecer 88

CAPÍTULO 5: **91**

La psicología del merecimiento y el sistema de creencias
.... 91

Historia corta 91
Ejercicio # 1 93
Ejercicio # 2 94
Piénsalo bien: 94
Creo en todo lo bueno que merezco recibir de la vida 94
Pregunta curiosa 95
El arte de merecer 96

CAPÍTULO 6: **99**

La psicología del merecimiento y la vida afectiva y emocional 99

Historia corta 99
La psicología del merecimiento y la vida afectiva y emocional
.... 100
Ejercicio # 1 103
Ejercicio # 2 103
Piénsalo bien 103
El arte de merecer 104

CAPÍTULO 7 .... **106**

La psicología del merecimiento y la psicología positiva.
.... 107

Historia corta 107
La psicología del merecimiento y la psicología positiva 108
Ejercicio # 1 111
Ejercicio # 2 111
Piénsalo bien 112
El arte de merecer 112

CAPÍTULO 8 .... **117**

La psicología del merecimiento Vs. el pesimismo y el

optimismo. 117
   Historia corta 117
   La psicología del merecimiento vs el pesimismo y el optimismo.
   118
   Ejercicio # 1 119
   Ejercicio # 2 120
   Piénsalo bien 120
   El arte de merecer 120

CAPÍTULO 9 125
La psicología del merecimiento y el EGO.................. 125
   Historia corta 125
   La psicología del merecimiento y el EGO 126
   El EGO y la psicología del merecimiento 127
   Ejercicio # 1 128
   Ejercicio # 2 129
   Piénsalo bien 129
   El arte de merecer 130

CAPÍTULO 10 133
La psicología del merecimiento y los logros o éxitos en la vida. 133
   Historia corta 133
   La psicología del merecimiento y los logros o en éxitos en la vida Definición de éxito 134
   Ejercicio # 2 139
   Piénsalo bien 139
   El arte de merecer 140

CAPÍTULO 11 142
La psicología del merecimiento y la gratitud.............. 143
   Historia corta 143
   La psicología del merecimiento y la gratitud. 144
   La psicología del merecimiento y la gratitud 146
   Ejercicio # 1 147
   Ejercicio # 2 147
   Piénsalo bien 148
   El arte de merecer 148

CAPÍTULO 12 152

La psicología del merecimiento y los valores humanos. **152**
    Historia corta 152
    La psicología del merecimiento y los valores humanos 153
    Ejercicio # 1 155
    Piénsalo bien 156
    El arte de merecer 157

CAPÍTULO 13 161

La psicología del merecimiento y las diferencias de sexo y de género. **161**
    Historia corta 161
    Definiciones 164
    La psicología del merecimiento, el sexo y el género 164
    Ejercicio # 1 165
    Piénsalo bien 165
    El arte de merecer 167

CAPÍTULO 14 171

La psicología del merecimiento y la psico sociología de la humildad. **171**
    Historia corta 171
    La psicología del merecimiento y la psico sociología de la humildad. 171
    Ejercicio # 1 175
    Piénsalo bien 175
    El arte de merecer 176

CAPÍTULO 15 179

La psicología del merecimiento y la culpa **179**
    Historia corta 179
    La psicología del merecimiento y la culpa 180
    Los propósitos y estudios de la culpa 180
    Ejercicio # 1 182
    Piénsalo bien 182
    El arte de merecer 183

CAPÍTULO 16 187

La psicología del merecimiento y la vergüenza. **187**

Historia corta 187
La psicología del merecimiento y la vergüenza. Definición 188
Piénsalo bien 192
El arte de merecer 193

CAPÍTULO 17 197

La psicología del merecimiento y el miedo. 197
Historia corta 197
La psicología del merecimiento y el miedo Definición 198
Investigadores actuales prominentes que estudian el miedo
.... 200
Ejercicio # 1 202
Piénsalo bien 202
El arte de merecer 203

CAPÍTULO 18 207

La psicología del merecimiento y la depresión. 207
Historia corta 207
La psicología del merecimiento y la depresión 209
La depresión profunda y severa es una condición psicoemocional que no es simplemente sentirse triste en ocasiones debido a circunstancias de la vida. 210
Ejercicio # 1 213
Piénsalo bien 214
El arte de merecer 216

CAPÍTULO 19 219

La psicología del merecimiento y el amor. 219
Historia corta 219
La psicología del merecimiento y el amor 220
Amores trascendentes y amores inmanentes 221
Los amores inmanentes 221
El amor materno/paterno 221
El concepto de familia 222
Otros amores inmanentes 223
Ejercicio # 1 224
Piénsalo bien 225
El arte de merecer 225

APÉNDICE 226

Definición 227
Algunos puntos importantes sobre el contenido de este libro
.... 230
Claves para aumentar la autoestima 232
Algunos pasos de este proceso 232
El arte de merecer.. 233
Bibliografía... 234

- La psicología del merecimiento es el motivador interno más poderoso que cada ser humano posee dentro de sí mismo. -

- La autoestima de una persona en sus versiones de autovaloración y de auto imagen posee solamente los elementos de su propia esencia que la persona cree merecer a través de su psicología del merecimiento, porque esta es la representación de las aspiraciones y expectativas que la persona exhibe en su vivir cotidiano. -

Primera introducción

Este libro abre una nueva puerta en psicología para el estudio de la personalidad humana: la psicología del merecimiento

En lo más íntimo de mi ser, ¿que espero merecer de la vida? ¿Cuál es mi psicología del merecimiento en relación a cómo disfrutar de las cosas buenas de la vida? ¿Realmente creo que merezco que la vida me trate bien? ¿Soy un recipiente agradecido de todo el bienestar que la vida me ofrece?

La lectura de este libro puede literalmente liberar y sacar de la inercia y la apatía psicoemocional a millones de seres humanos. Y ese suceso sería un acto revolucionario para el beneficio de todas las diferentes generaciones que en la actualidad conviven en el globo terráqueo.

A muchos millones de seres humanos, incluyendo al escritor de este libro, no nos enseñaron durante la niñez y la adolescencia a utilizar el potencial
casi ilimitado que nuestros cerebros poseen, y por el contrario, nos inculcaron creencias limitantes que se adueñaron de nuestra psicología del merecimiento.

Este libro es realista y positivo al mismo tiempo.

Realista, porque se fundamenta en los conocimientos más actuales y modernos reportados por las neurociencias, la neuropsicología y la neurobiología humana. Uno de esos hechos científicos es el siguiente: el cerebro humano posee una plasticidad asombrosa, y es capaz de desaprender y aprender nuevos hábitos a cualquier edad y circunstancias de la vida.

El libro es positivo, porque plantea que la psicología del merecimiento es un componente vital y esencial de la identidad y de la autoestima, es decir, de la personalidad humana.

La psicología del merecimiento ejerce una influencia poderosa y determinante en la vida mental (pensamientos), emocional (emociones y sentimientos) y conductual (comportamientos) de cada ser humano.

Una persona que emplea pensamientos, emociones y conductas utilizando una psicología del merecimiento débil, inestable no saludable e inconsistente, no logra los mismos resultados en la vida que una persona que piensa, siente y se comporta empleando una psicología del merecimiento robusta, saludable, estable y consistente.

Los éxitos personales y sociales de la primera persona estarán drásticamente disminuidos por las maneras inadecuadas e inefectivas de cómo utiliza su psicología del merecimiento, mientras que los éxitos personales y sociales de la segunda persona estarán casi ciento por ciento asegurados debido a la utilización adecuada y efectiva de su psicología del merecimiento.

Para millones de seres humanos en el mundo de hoy el aprendizaje más significativo que podrían agregar a sus recursos humanos es aprender a utilizar apropiada, efectiva y proactivamente su psicología del merecimiento, lo cual permitirá que creen nuevas carreteras neuronales o hábitos positivos en sus cerebros.

La psicología del merecimiento posee el potencial de incrementar los grados de felicidad de cada ser humano, porque ella afecta e influencia de forma directa el agente e instrumento humano de la felicidad o de la infelicidad: el cerebro, quien crea y proceso las hormonas o neurotransmisores de la felicidad en los seres humanos.

La psicología del merecimiento es el motivador interno más poderoso que cada ser humano posee dentro de sí mismo.

Segunda introducción

Este libro abre una nueva puerta en psicología para el estudio de la personalidad humana: la psicología del merecimiento

Como todos los paradigmas e ideas psicológicas, la psicología del merecimiento está vestida de la sociopsicología y de la psicología cultural. La antropología cultural le asigna una personalidad a la psicología del merecimiento que cada ser humano aprende y exhibe en el contexto sociocultural en que vive.

En este contexto, la psicología del merecimiento que aprenden y exhiben los ciudadanos de la cultura China tendrá rasgos característicos diferentes a la psicología del merecimiento que aprenden y exhiben los ciudadanos de la sociedad sueca, francesa, estadounidense o japonesa.

Para decirlo de manera llana, la psicología del merecimiento posee un bagaje cultural intrínseco a cada sociedad. Por ejemplo, un niño americano de 8 o 9 años no se pregunta si él o ella tendrá su licencia de conducir y un vehículo de su propiedad, sino, cuándo lo tendrá en su posesión, por lo general, entre los 16 y 20 años de edad.

Por otro lado, un niño latinoamericano o africano de 8 o 9 años se pregunta si él o ella tendrá un carro algún día, y lo percibe como una "meta lejana y difícil de lograr".

En ambas situaciones, estos niños están aprendiendo y

exhibiendo la psicología del merecimiento predominante en sus contextos socioculturales.

Hay excepciones, pero ellas no determinan las reglas y paradigmas sociales predominantes.

Pero como se detalla en este libro, la psicología del merecimiento posee hilos conductores específicos y generales que trascienden y traspasan los contextos socioculturales de los seres humanos que la aprenden y exhiben.

La psicología del merecimiento está matizada e hilvanada por patrones de pensamientos, sistemas de creencias y patrones emocionales que se experimentan y exhiben como comportamientos aprendidos. Y estas conductas están enraizadas en los rasgos de la personalidad que se manifiestan como la psicología del merecimiento que cada ser humano experimenta y exhibe en sus experiencias diarias de vida.

Dedicatoria

A aquellos lectores que aprenden que merecen todo lo bueno de la vida, y que "si pueden creer, para los que creen todo es posible" (Jesucristo citado en los evangelios).

Prólogo

Hablar de la psicología del merecimiento es abrir una puerta a lo más profundo del ser humano: su sentido de dignidad, su capacidad de autovaloración y la manera en que interpreta su lugar en el mundo. Este libro nos invita a explorar esa dimensión interna que, aunque muchas veces ignorada, se convierte en el núcleo desde el cual nacen nuestras decisiones, relaciones, proyectos y aspiraciones. Porque merecer es mucho más que recibir, ya que el término incluye además el hecho de reconocer que somos dignos por el simple hecho de existir, y de que poseemos el derecho intrínseco de construir una vida plena.

En las páginas que siguen, el autor desentraña con claridad y sensibilidad cómo la psicología del merecimiento se forja desde la infancia, influenciada por las experiencias que marcan nuestro desarrollo y que, en muchos casos, condicionan la manera en que nos percibimos y valoramos como adultos. Nos recuerda que no se trata de una idea abstracta, sino de una fuerza viva que impacta nuestro bienestar emocional, nuestra autoestima y el rumbo de nuestros proyectos vitales. Así que, comprender y fortalecer nuestra psicología del merecimiento se convierte en una herramienta esencial para alcanzar la realización personal.

Este libro es, además, una guía práctica. A través de

relatos, reflexiones, decálogos y ejercicios, el autor ofrece al lector no sólo conceptos teóricos, sino también recursos para incorporar el merecimiento como un hábito de vida. Nos propone transitar de la carencia a la abundancia emocional, del conformismo al coraje de reclamar lo que nos corresponde como seres humanos valiosos.

En definitiva, La psicología del merecimiento: El arte de merecer las cosas buenas de la vida es una invitación a la transformación personal. Quien lea estas páginas encontrará no sólo respuestas, sino también inspiración para cultivar una vida más consciente, equilibrada y apasionada. Porque, como nos enseña el autor, todo lo que creemos merecer marca el rumbo de nuestra existencia.

Licda. Ángela M. Rodríguez
Borrero,
Psicóloga clínica

- La psicología del merecimiento es la piedra angular de la personalidad humana y de la vida, porque ella es la esencia vital de la identidad y de la autoestima. Por lo tanto, la vida humana existe con éxitos saludables solamente para aquellas personas que están

conscientes y practican una psicología del merecimiento robusta, saludable, estable y consistente. -

CAPÍTULO INTRODUCTORIO

Historia corta

Consuelo nació de unos padres biológicos que la enseñaron a creer y pensar que ella era una mujer con mucho poder personal.

"Eres una fuente cargada de energías listas para utilizarlas a tu favor y para tu bienestar sin dañar a ninguna otra persona" le decían sus padres constantemente.

A los 18 años de edad, Consuelo se mudó a otro país para estudiar la carrera profesional que la apasionaba: liderazgo estratégico para emprendedores.

Después de dos años en un país extranjero, Consuelo se sentía solitaria y se permitió enamorarse de Carlos, un joven inteligente que estudiaba periodismo y deseaba ser un escritor. Carlos tenía 26 años de edad y había vivido más experiencias de vida que Consuelo.

Un día que ambos se dedicaron al romance, Carlos quería tener actividades sexuales coitales con Consuelo sin usar protección.

"Eso no es posible que suceda, Carlos, porque mi cuerpo es mío y yo decido qué hacer con él" le dijo Consuelo con firmeza cuando Carlos trató de convencerla.

La psicología del merecimiento es el pilar fundamental de la autoestima y de la identidad.

Las emociones humanas son las esencias de la experiencia vital de vida. Y la expresión de cada emoción humana posee un objetivo básico: aumentar el valor de la estructura del YO o identidad, o incrementar los valores del YO o autoestima de sus poseedores.

La psicología del merecimiento o su carencia se experimenta en el cuerpo humano como una emoción poderosa.

Por ejemplo, cuando una persona dice:

"Yo merezco respeto como parte de mi dignidad humana", esa expresión reverbera en las fibras afectivas de su cuerpo. En este caso, las sensaciones y las percepciones de recibir o carecer de respeto se experimentan en el cuerpo con energías emocionales.

La carencia de la psicología del merecimiento también se experimenta en el cuerpo humano como una emoción. Cuando una persona permite que no le ofrezcan el respeto que su dignidad humana demanda, su cuerpo lo resiente en lo más profundo de sus fibras afectivas. Las sensaciones y las percepciones de la carencia de respeto se sienten en el cuerpo con energías emocionales.

Frente a las carencias consistentes de respeto la persona puede expresar:

"Me han irrespetado de nuevo, y eso me hace sentir como

que valgo poca cosa".

Recordemos el objetivo básico que tiene cada emoción al expresarse: aumentar el valor de la estructura del YO o la identidad humana, o incrementar los valores del YO o la autoestima. Las maneras como estos procesos ocurren las explico con detalles en mis libros "La psicología del amor: El amor romántico (para aprender a amar)", y "El arte de sanar los traumas de la niñez (sobre autoestima y psicoterapia)", ambos publicados y disponibles.

La psicología del merecimiento como expresión emocional posee este objetivo básico en cada una de sus manifestaciones y expresiones en las conductas humanas.

De hecho, todas las cosas buenas que una persona espera recibir y poseer de la vida tienen su origen en la psicología del merecimiento robusta, estable, saludable y consistente que dicha persona ha introducido en su personalidad. Por otro lado, las personas con bajas expectativas para recibir y poseer cosas buenas de la vida poseen una psicología del merecimiento pobre, débil, inestable e inconsistente como rasgo predominante en su personalidad.

Ambas realidades descritas en el párrafo anterior las personas las aprenden en el proceso socializador de sus propias vidas, particularmente durante la niñez y la adolescencia.

Las emociones que la psicología del merecimiento provoca en el cuerpo humano

"Qué linda y acogedora es tu casa", le comenta Julia a su amiga Sofía durante una visita casual.

"Me la merezco y estoy agradecida de tenerla", le responde Sofía sin titubear.

Recibimos y atraemos a la vida lo que merecemos

"Recibimos y atraemos en la vida lo que merecemos y no necesariamente lo que pedimos tener".

¿Qué emociones afloran en tu mente al leer esa oración?

Juan fue el responsable de cuidar de sus cuatro hermanos y de su hermana pequeña mientras su madre salía temprano en las mañanas a buscar el alimento para todos.

Después del mediodía, Juan se paraba constantemente en la puerta de la casa de madera pintada de azul cielo para poder observar a su madre regresar. Cuando la veía retornar caminando por el camino pedregoso y

empinado, Juan salía corriendo para encontrarse con su madre en medio del camino.

Lo primero que Juan examinaba rápidamente eran sus manos para determinar si su madre traía algo de comida que apaciguara el hambre suya y la de sus hermanos.

Esa imagen buscando alimentos en las manos de su madre nunca se borró de la mente de Juan. Tampoco se borraron las emociones de escasez y carencias provocadas y dejadas por esas imágenes en su cerebro de niño.

Ya adulto, Juan tenía el hábito de abrir y cerrar constantemente la puerta de la nevera para confirmar que había comida almacenada en la casa.

La psicología del merecimiento se adhiere al cerebro durante la niñez y la adolescencia

Durante la niñez y la adolescencia se aprende:

- El estatus social al que pertenece la familia de origen.
- Si se tiene o no acceso a las amenidades de la vida cotidiana.
- El lenguaje de las finanzas y cuánto poder financiero posee la familia a la que se pertenece.
- Los grados de seguridad y de protección que uno tiene en su familia.
- Si su familia de origen es funcional o disfuncional.

Todos estos aprendizajes hacen referencia directa a la adquisición de la psicología del merecimiento durante la niñez y la adolescencia. Estas vivencias que forman parte del desarrollo humano dejan huellas indelebles en el cerebro, y estas huellas definen si las personas adquieren una psicología del merecimiento robusta, estable, saludable y consistente, o si por el contrario, desarrollan una psicología del merecimiento débil, inestable, no saludable e inconsistente.

Las consecuencias y los resultados de la adquisición de estos dos polos de la psicología del merecimiento se observarán claramente en el estilo de vivir y en la personalidad de sus poseedores. Las marcas más distintivas de la psicología del merecimiento exhibidas por estas personas se mostrará en las expresiones de su vida emocional o coeficiente emocional.

La psicología del merecimiento es un componente vital de la personalidad de cada ser humano que puebla la tierra, y las maneras como cada uno expresa y gestiona sus emociones son testigos fehacientes de ello.

Cómo funciona la psicología del merecimiento en la vida diaria de una persona adulta

La experiencia de Andrés

"Aprendí y desarrollé niveles robustos, estables, saludables y consistentes de la psicología del merecimiento temprano en mi vida, y como resultado vivo hoy una vida plena y satisfecha".

Las personas que poseen una psicología del merecimiento robusta, estable, saludable y consistente lo pueden exhibir con resultados palpables en su diario vivir.

Algunas áreas en las que estas personas exhiben pensamientos, emociones y conductas positivas son las siguientes:

Salud psicoemocional

Esas personas poseen una inteligencia emocional rica, saludable y robusta, lo que facilita que tomen decisiones saludables y establezcan relaciones mutuamente satisfactorias.

Salud educativa

Esas personas honran sus recursos y capacidades intelectuales al igual que sus talentos innatos.

Salud sociocultural

Esas personas se integran al proceso socializador sin perder los aspectos individuales de su personalidad.

Salud financiera y sexual

Esas personas aprenden temprano en la vida a gestionar sabiamente la energía del dinero y la energía de la sexualidad.

La experiencia de Juan

"Estoy aprendiendo ahora a incorporar y vincular la psicología del merecimiento en mi vida diaria".

Las personas que no poseen una psicología del merecimiento robusta, estable, saludable y consistente en su vida diaria pueden empezar el proceso para revertir este aprendizaje en cualquier estadio de la vida.

Para lograrlo efectivamente necesitan afilar y pulir los siguientes elementos en su personalidad y de sus comportamientos:

Estar preparadas: elevar su estado consciente para que puedan evaluar si su proyecto de vida se acomoda y está vinculado a su propósito para vivir.

Tener la voluntad y la motivación: poseer una voluntad fuerte que mantenga su motivación intrínseca y extrínseca elevada y proactiva.

Adquirir las capacidades y las habilidades: aprender las destrezas que se requieran para afinar y dirigir inteligentemente sus capacidades innatas.

Salud psicoemocional: cuidar, proteger y alimentar constantemente el bienestar psicoemocional propio.

Salud educativa: educar a su cerebro que es el recurso primario más importante que poseen.

Salud sociocultural: desarrollar una personalidad equilibrada y con rasgos saludables.

Salud financiera y sexual: aprender a gestionar la energía del dinero y la energía de la sexualidad con inteligencia y sabiduría.

1. **Decálogo de la psicología del merecimiento para adultos**

Merezco ser feliz a mi propia manera. Yo llevo mi felicidad por dentro. Merezco descubrir mi propósito de vida. Yo nací con un propósito para vivir.

Merezco construir un proyecto de vida que sea mayoritariamente mío. Merezco vivir la vida practicando lo que me apasiona y me llena de satisfacciones.

Merezco vivir como un ser humano libre y con mis propias ideas. Merezco hacer elecciones sabias e inteligentes que me traigan bienestar.

Merezco vivir una vida saludable en las áreas física, espiritual, emocional y psicosocial.

Merezco ser amado y amar con intensidad, y elegir mis maneras de amar. Merezco respeto y respetar a los demás de forma natural.

Merezco educarme y disfrutar de todas las satisfacciones saludables provistas por mis historias de vida.

2. Decálogo de la psicología del merecimiento para la niñez y la adolescencia

Merezco ser concebido en una etapa cuando mis padres biológicos disfrutan de lucidez espiritual, mental, emocional, física y sociocultural.

Merezco recibir amor, afecto, cariño y cuidados especiales mientras resido en el vientre de mi madre.

Merezco que me honren y le den una cálida bienvenida al momento de mi alumbramiento.

Merezco tener una infancia segura, protegida, acogedora y llena de todos los cuidados para crecer saludable.

Merezco atenciones y afectos amorosos durante la niñez que me hagan sentir que soy un ser especial y bienvenido.

Merezco que mi cuerpo se alimente con los nutrientes requeridos por mi edad.

Merezco ser educado y que mi cerebro desarrolle todas sus capacidades y habilidades de las que soy capaz.

Merezco recibir educación sobre el desarrollo sexual de mi cuerpo al lograr la pubertad y la preadolescencia.

Merezco desarrollar mi identidad a plenitud durante la adolescencia. Merezco desarrollar una personalidad equilibrada que me permita vivir una vida adulta repleta de bienestar psicoemocional.

3. Decálogo de la psicología del merecimiento para las parejas románticas

Merezco saber que el amor romántico no es simplemente enamorarse. Merezco comprender que el amor romántico es un ciclo procesal que existe y se manifiesta en cuatro fases entrelazadas y distintivas: el enamoramiento, la pasión, el romance-intimidad y el compromiso.

Merezco entender que enamorarse es solamente la "posible puerta de entrada" al amor romántico, no el "amor" en su totalidad.

Merezco estar consciente de que el enamoramiento tiene dos componentes intrínsecos: la emoción amorosa y la atracción erótica o sexual.

Merezco comprender que los efectos eufóricos del enamoramiento son producidos por hormonas y neurotransmisores creados por el cerebro, no el corazón.

Merezco poseer el entendimiento de que al enamorarme creo alguna forma de pareja romántica o erótica,

Merezco saber que la fase de la pasión del amor romántico es intensa al principio de la relación amorosa o romántica.

Merezco experimentar y cultivar la fase de romance-intimidad del amor romántico dentro de una relación amorosa saludable.

Merezco crear un estilo de pareja romántica saludable y satisfactoria para ambos cónyuges.

Merezco comprender cabalmente que la fase de compromiso del amor romántico está entrelazada con todas las otras fases del ciclo procesal del amor romántico.

4. Decálogo de la psicología del merecimiento para los profesionales y los trabajadores

Merezco estudiar la carrera profesional propia de mis aptitudes y preferencias intelectuales.

Merezco que mi carrera profesional sea un componente vital de mi proyecto de vida.

Merezco ejercer una carrera profesional que forme parte de mi propósito de vivir.

Merezco que me apasione con profunda intensidad ejercer la carrera profesional que he elegido para ganarme la vida.

Merezco disfrutar de altos grados de felicidad mientras trabajo en mi profesión.

Merezco hacer contribuciones importantes en los ámbitos de mi carrera profesional.

Merezco dejar un legado a la humanidad en las áreas de mi carrera profesional.
Merezco vivir una vida holgada como fruto del ejercicio de mi carrera profesional con ética y honestidad.

Merezco disfrutar de bienestar psicoemocional al mismo tiempo que ejerzo mi carrera profesional.

Merezco vivir mi vida como un profesional balanceado que gestiona sus emociones sabia e inteligentemente.

5. Algunos principios importantes sobre la psicología del merecimiento

"Entre los estímulos y las respuestas existe un espacio llamado el poder para elegir,"

El poder para elegir vivir con coraje y valentía.
El poder para tomar decisiones sabias e inteligentes. El poder para elegir el amor en lugar del miedo.
El poder para escoger el bienestar y obviar la maldad. El poder para aprender y practicar el autoamor.
El poder para practicar el autocontrol y la autodeterminación. El poder para ser un instrumento de la paz.
El poder para ejercer la autodisciplina.
El poder para vivir con lucidez mental y emocional. El poder para pulir la inteligencia emocional.
El poder para cambiar hábitos perjudiciales por otros más positivos. El poder para cultivar bienestar psicoemocional.
El poder para elegir mejores amigos.
El poder para cambiar de profesión si la que ejercemos no nos satisface plenamente.

El poder para crear un proyecto de vida que incluya prácticas para aumentar los grados de la propia felicidad.

El poder para aprender a resolver conflictos que incluyan el ganar-ganar. El poder para elegir la excelencia en lugar de la mediocridad.

El poder para escoger la gratitud y dejar de lado la

mezquindad.
El poder para vivir la vida desde las grandezas interiores que me hacen más humano.

6. El destino de cada ser humano lo posee su cerebro

Porque el cerebro es el asiento de cada pensamiento. Porque el cerebro es la casa donde viven las emociones. Porque el cerebro procesa las creencias y las percepciones. Porque el cerebro conecta e interpreta las conductas.

Porque el cerebro enseña a respirar, comer y a dormir.

Porque el cerebro genera y permite los aprendizajes de los idiomas y las conductas motoras,

Porque cuidar, alimentar y estimular positivamente el cerebro es la primera ley fundamental de la vida.

Porque mi psicología del merecimiento se origina en las conexiones neuronales de mi cerebro.

7. La psicología del merecimiento es una marca humana distintiva

La psicología del merecimiento va más allá de las conductas instintivas. Los instintos enseñan a sobrevivir porque ellos son las esencias vitales de la sobrevivencia de las especies.

La psicología del merecimiento es una marca humana distintiva.
Los seres humanos poseen recursos psicoemocionales, intelectuales y sociales que trascienden lo meramente instintivo.

Los seres humanos aprendemos la psicología del merecimiento desde los primeros inicios del proceso del desarrollo humano.

Merecemos ser concebidos por amor como producto de la lucidez mental y emocional de nuestros padres biológicos.

Merecemos vivir una niñez con un cerebro alimentado y estimulado positivamente.

Merecemos una niñez sin negligencia mental, educativa, médica y financiera.
Merecemos tener una niñez sin abusos ni maltratos.
Merecemos vivir una niñez protegida y segura.

Los seres humanos llevamos la psicología del merecimiento a flor de piel. Somos dignos y merecedores intrínsecamente por el hecho de que somos seres humanos.

La esencia vital de la vida humana es la psicología del merecimiento, porque sin ella somos objetos inconscientes de nuestro valor humano.

La psicología del merecimiento es un componente vital de la esencia de eso que llamamos vida humana consciente.

8. La niñez no se puede privar de la psicología del merecimiento

La niñez está preñada de creatividad, innovación, imaginación y fantasías. Para un niño seguro y amado todas las cosas son posibles porque se siente y percibe merecedor.

Para un niño seguro y amado sus padres son dioses que juegan al escondite con sus fantasías surrealistas.

Para una niña protegida y acurrucada en los brazos omnipotentes de sus padres no existen limitaciones de ninguna categoría.

La niñez está poseída del pensamiento fantástico y mágico que la acerca a la divinidad.

Y la psicología del merecimiento es un componente esencial de esa forma fantástica y mágica de pensar.

Un elemento de la frustración infantil es atravesar las etapas de su desarrollo cognitivo, que según el Dr. Jean Piaget son: sensoriomotora, preoperacional, operaciones concretas y operaciones formales.

En ese proceso maravilloso y mágico la niñez no se puede privar de la psicología del merecimiento en el proceso de educación.

Sin la psicología del merecimiento la niñez es como un pájaro que le cortan sus olas que sigue un pájaro que no puede realizar su función principal: volar por los aires.

9. Merecemos poseer sueños y proyectos de vida que nos llenen el alma de pasión

Poseer y practicar una psicología del merecimiento robusta, estable, saludable y consistente nos permite crear proyectos de vida que nos llenan de pasión.

La vida humana está diseñada para vivirla con pasión, propósito y una dirección positiva.

La psicología del merecimiento es una aliada gemela de la actitud mental positiva.

Como una forma de sobrevivencia, el cerebro humano casi siempre piensa en las peores situaciones de antemano para poder tener soluciones a esas situaciones.

En la vida moderna podemos entrenar a nuestros cerebros a no permanecer en el modo alerta las 24 horas del día.

Podemos crear nuevas carreteras neuronales en nuestros

cerebros que invitan a transitar por las vías transformadoras de la psicología positiva. La psicología del merecimiento es un componente vital de la psicología positiva.

La psicología del merecimiento nos facilita practicar la psicología positiva. Cuando creamos nuestros proyectos de vida a partir de la psicología del merecimiento, los resultados nos permiten vivir la vida con pasión.

Y cuando realizamos esta parte, vivimos una vida diseñada desde la psicología positiva y expresada hacia afuera a través de la psicología del merecimiento.

Todos los sueños y aspiraciones humanas son posibles cuando se engendran con la psicología del merecimiento.

10. Los grados de la autoestima de una persona determinan sus percepciones de pertenencia y logros de vida que ella se percibe alcanzar

La base, el fundamento y la esencia vital de la autoestima es la psicología del merecimiento.

Las personas que desarrollan y practican una psicología del merecimiento robusta, estable, saludable y consistente es porque al mismo tiempo han adquirido y manifiestan una autoestima robusta, saludable, alta, estable y consistente. La psicología del merecimiento y la autoestima son fórmulas que pertenecen a misma ecuación de la personalidad y de la vida.

El sentido de pertenencia y el poder personal para lograr cosas en la vida están intrínsecamente relacionados con los grados o niveles de la autoestima y de la psicología del merecimiento que las personas poseen.

Al responder a la pregunta, ¿cuánto poder personal creo que poseo?

Todas las respuestas a esta pregunta pasan por este filtro: cada persona posee y expresa la cantidad y la calidad de su poder personal que los niveles de su psicología del merecimiento le permiten.

¿Cuánto poder personal creo que merezco poseer y expresar?

¿Qué es y cómo se define el poder personal que cada ser

humano posee dentro?

Es una sensación positiva de libertad interna o voz interior que le señala a cada persona sus capacidades y habilidades para tomar decisiones por sí misma, cuidarse, protegerse y saber que es un individuo con identidad propia. Es un poder que permite que cada persona viva la vida a su propio compás, ritmo y experimentando cada estación de la vida siguiendo y cumpliendo sus propias expectativas y sueños.

Poseer y practicar una autoestima y una psicología del merecimiento robustas, estables, saludables y consistentes casi garantiza a las personas poseedoras grandes logros personales y sociales en su tránsito por la vida.

Y la razón básica para que esa correlación esté casi garantizada es simple: ambas, la autoestima y la psicología del merecimiento son el factor primario de motivación intrínseca que cada persona posee dentro.

Desgraciadamente, la correlación opuesta también se cumple: las personas que poseen y practican una autoestima y una psicología del merecimiento débiles, bajas, insanas, inestables e inconscientes están casi garantizadas a transitar por la vida con logros muy por debajo de su potencial.

Este libro abre una nueva puerta en psicología para el estudio de la personalidad humana: la psicología del merecimiento

La psicología del merecimiento es el motivador interno más poderoso que cada ser humano posee dentro sí mismo.

Una persona no puede desarrollar y poseer una autoestima robusta, alta, saludable, estable y consistente a menos que posea y practique una psicología del merecimiento robusta, saludable, estable y consistente.

Una persona no puede con transparencia expresar una autovaloración saludable, a menos que en realidad crea que merece poseer y expresar una autovaloración saludable.

Las dos caras de la moneda de la autoestima son la autovaloración, el valor que la persona sabe que posee separado de cualquier valoración social, y la autoimagen, los valores que las personas ofrecen a través de la valoración social, hoy mayormente a través de las redes sociales por medio de los "likes".

Estas dos caras de la moneda de la autoestima tienen una base fundamental: la psicología del merecimiento.

Todos los componentes intrínsecos y extrínsecos de la autoestima de una persona tienen una esencia o sustancia vital que da origen a sus vitalidades: la psicología del merecimiento.

Sin la psicología del merecimiento la autoestima es un concepto vacío y sin ningún poder valorativo.

Si la persona no cree merecer las valoraciones asignadas a su autoestima, la palabra "autoestima" consignada a este rasgo de la personalidad humana no posee significados reales.

En cualquier ser humano, es la psicología del merecimiento la que provee la esencia vital que su autoestima posee, y sin la psicología del merecimiento, la autoestima es un concepto psicológico vacío de significado real.

Lo que cada ser humano aspira y espera recibir y disfrutar de la vida tiene su origen en los niveles de la psicología del merecimiento que ese ser humano posee dentro de sí mismo.

Si una persona posee y disfruta de una autoestima robusta, saludable, estable y consistente, es porque ella tiene y exhibe una psicología del merecimiento robusta, saludable, estable y consistente.

Los seres humanos solamente podemos poseer y disfrutar aquellas cosas, situaciones, circunstancias y personas que creemos merecer tener en nuestras vidas.

Y eso es lo que nos sucede a todos los humanos ineludible e inevitablemente: el transcurso y los trayectos de nuestras vidas están llenos de lo que creemos merecer.

Aquí se cumple cabalmente el principio universal de la "profecía auto cumplida": las realidades que creemos merecer, son las realidades que habitan los espacios de nuestro diario vivir.

Piénsalo bien

La psicología del merecimiento no es un simple concepto teórico

Cada pensamiento creado por tu cerebro pasa por el filtro de los niveles de la psicología del merecimiento que tú posees en esos momentos.

Cada emoción que se posa en tu cuerpo atraviesa por el filtro de los grados de tu psicología del merecimiento.

Cada conducta que tú emites está mediada por los gradientes (altos, robustos, saludables, consistentes y estables, o bajos, débiles, no saludables e inconsistentes) de tu psicología del merecimiento.

En otras palabras, en términos de la psicología del merecimiento tú tienes dos opciones claras:

1. Puedes creer sin titubear las palabras que salen de tu boca a través de tus pensamientos, emociones y conductas indicando que posees un nivel robusto, estable, sable y consistencia de la psicología del merecimiento;
2. O puedes poseer algún grado de duda de que seas merecedor/a de los resultados, situaciones,

circunstancias, personas y eventos que la vida te trae como respuesta a tus palabras y conductas.

Tus niveles de la psicología del merecimiento marcan la diferencia en los resultados que tu vida exhibirá hacia afuera.

Algún nivel de tu psicología del merecimiento está presente en cada decisión que tomas en la vida, que por lo general lo haces en estado de inconsciencia.

Los resultados de la psicología del merecimiento están siempre presentes y visibles en tus estilos de vida.

Creerte merecedor de las cosas buenas de la vida produce un tipo de resultado en tu vida, no creerte merecedor crea otro tipo de resultado.

Solo podemos crear en nuestras vidas los resultados que creemos merecer tener en ellas, sean estos agradables y positivos o lo opuesto.

Ya el Señor Jesucristo lo dijo en los evangelios: "Si puedes creer, para el que cree, todo es posible".

Si creemos que lo merecemos se hace posible para nosotros, si no creemos que lo merecemos también se hace posible.

Ejercicio # 1

(Prepara tu diario: un cuaderno, iPad, o un App para de diario escrito o audiovisual - en formato de escritura, dibujo, mensaje de voz, vídeo clips)

En la actualidad, ¿qué porción de tu vida está dominada por los grados de la psicología del merecimiento que posees?

Examina tus logros en diferentes áreas de la vida, ¿cuáles de ellos son el resultado de creer firmemente que tú mereces disfrutar de lo mejor de la vida?

¿Existe alguna área de tu vida personal o profesional que podría beneficiarse si tú practicas una psicología del merecimiento robusta, saludable, estable y consistente?

Puedes describir en tu diario algunas de esas áreas y los detalles de cómo trabajarás en ellas a partir de ahora.

El arte de merecer

Merezco todas las cosas buenas que la vida me ofrece. Soy digno de ellas porque soy un ser humano valioso y merecedor. Merezco vivir una vida pletórica de bienestar. Merezco exudar la felicidad con mis poros.
Merezco lograr las metas que me propongo.
Merezco crear e implementar un proyecto de vida que cumpla mi propósito y mi pasión para vivir.
Merezco disfrutar de bienestar psicoemocional. Merezco crear y tener relaciones humanas saludables. Merezco disfrutar de las bellezas de la vida.
Merezco tener amigos verdaderos que sintonicen con las pulsaciones de mi alma.
Merezco ser positiva y optimista.
Merezco vivir la vida de mis sueños que se ha posado en mi imaginación desde mi niñez y adolescencia.

- El merecimiento es como la esencia aromática de la flor de la vida o como la química H20 del agua. La psicología del merecimiento no es la vida, pero ella refleja lo que cada ser humano espera y sueña recibir al vivirla. –

CAPÍTULO 1:

Definiciones de merecer, merecido, merecimiento

Historia corta:

Juan se enamoró a primera vista de Rosa desde que la observó caminar "con un jadeo cadencioso" en el parqueo del supermercado.

La siguió cuando ella entró en el supermercado, y continuó ensimismado en su forma de mover el cuerpo mientras ella agarraba los productos en su lista de compra.

Miró sus manos, y no había ningún anillo de compromiso en sus dedos. Se acercó sigilosamente para poder percibir el olor que su cuerpo expedía.

1. Definiciones de merecer, merecido, merecimiento

El diccionario de la RAE (Real Academia de la Lengua), dice que merecer "es hacerse digno de premio o castigo. Merecer es sinónimo de ganarse merita o amerita (meritorio). De una cosa se dice que merecer es "tener cierto grado o estimación", lo cual es sinónimo de valer o ameritar.

Según el diccionario de la RAE, merecer significa, además, conseguir o alcanzar algo que se intenta o desea, lograr metas y propósitos, ser digno o merecedor de premio o galardón. El mismo diccionario dice que merecer es "hacer méritos, buenas obras, ser digno de premio".

Así que, cuando merecemos nos hacemos digno de lo que nos corresponde, sea por recompensa o castigo, por ejemplo, ser merecedor de respeto y de autovaloración.

Merecer es ser digno de aprecio, valor, reconocimiento y atención respetuosa. Quien merece estará en una situación por la que debe dársele un premio o un castigo, dependiendo de si el merecimiento es positivo o negativo.

Merecer es ser o creerse digno, y por lo tanto, el concepto merecer está conectado a la autovaloración.

2. El merecimiento y la autoestima

El merecimiento positivo expresado como la psicología del merecimiento está relacionado con los grados o niveles de la autoestima y la autovaloración de quien se cree merecedor.

En el aspecto positivo, quien merece es un merecedor de situaciones, circunstancias y cosas positivas y buenas. Pero para que esto suceda el merecedor tiene que poseer la psicología del merecimiento como un rasgo predominante de su personalidad y carácter.

En otras palabras, el merecimiento requiere que la persona se sienta digna y merecedora. La psicología del merecimiento está siempre presente como componente de la personalidad individual, pero la persona que la expresa tiene que hacerla vigente en su vivir diario.

Cada persona tiene la responsabilidad de conjugar el verbo merecer aplicado a sus propias necesidades, motivaciones y expectativas de la vida.

"Yo merezco vivir una buena vida."

"Yo merezco ser amado y ser plenamente feliz." "Yo merezco tener un trabajo digno."

"Yo merezco respeto en todas mis relaciones."

Los niveles o grados de la psicología del merecimiento de cada persona determinan los grados de autovaloración con los que cada persona conjuga el verbo merecer aplicado a sus necesidades, motivaciones y expectativas.

3. Merezco caminar agarrado de las manos con la felicidad Merezco recibir besos de la luna llena.

Merezco bañarme en la lluvia cuando estoy enamorado. Merezco correr detrás de las mariposas al salir de sus capullos.

Merezco disfrutar de las flores y rosas que engalanan las primaveras. Merezco la felicidad de ver un amanecer a la orilla de la playa.

Merezco cenar junto a un atardecer sentado en la planicie abierta de las montañas.

Merezco las delicias de enamorarme y ser correspondido. Merezco sonreír cuando la felicidad me invade.

Merezco transitar con todos los sueños que habitan en mi imaginación fecunda desde la niñez.

Merezco dormir tranquilo en los brazos acogedores de Morfeo. Merezco despertarme alegre cada día como si fuera mi último.

Merezco las buenas compañías de las personas que me aman y a las que amo.

Merezco sentarme a dialogar en silencio con mis propios pensamientos. Merezco acoger a todas mis emociones y saludarlas con una sonrisa.

Merezco caminar agarrado de las manos con la felicidad cada día de mi vida.

Ejercicio # 1:

En tu diario, iPad o app para diario en formato audiovisual, vídeo, dibujo o escritura:

Conjugar el verbo merecer

Ejercicio # 2:

*Conjugar el verbo merecer en primera persona y describir 5 cosas que tú crees que definitivamente mereces poseer o tener en tu propia vida en estos momentos…

Piénsalo bien:

Merecer es más que tener "buenos" deseos

Los deseos no poseen poderes creadores, porque ellos son solo eso: deseos. El merecimiento va más allá de tener buenos deseos.

El merecimiento se conecta intrínsecamente con las motivaciones humanas.

Si sabemos que merecemos algo, nos sentimos impulsados a elaborar un plan estratégico para crearlo o construirlo.

El merecimiento está ligado a nuestro plan de acción para alcanzar nuestras metas y objetivos de vida.

El merecimiento tiene que ser un componente vital de nuestro proyecto de vida.

Si escribimos un proyecto de vida sin la esencia del merecimiento como parte intrínseca de su definición, dicho proyecto de vida empezó muerto.

La esencia vital que imparte vida a nuestro vivir es el merecimiento. Nada bueno llegará a nuestras vidas si no creemos que lo merecemos.
Todo lo que llega a nuestras vidas, nos agrade o no, es porque en las fibras más íntimas de nuestro ser creemos que merecemos tener esa experiencia en nuestras vidas en sus momentos.

El merecimiento es el imán atrayente que crea y une todas situaciones, circunstancias, eventos y personas que componen nuestro diario vivir.
Un deseo sin una acción de merecimiento es una nube pasajera posada en el horizonte sin poderes para convocar las lluvias.

Un deseo con merecimiento es un relámpago que estremece con sus fuerzas los cimientos de la tierra.

Preguntas curiosas

¿Qué creo merecer de la vida?
¿Creo que soy una persona merecedora o no?
¿Merezco que me ocurran cosas buenas y positivas en la vida?
¿Merezco ser y vivir como una persona feliz?

El arte de merecer

Merezco conjugar el verbo merecer de forma positiva en todas las áreas de mi vida.
Yo merezco vivir una vida satisfecha y con plenitud de bienestar. Merezco disfrutar de las cosas buenas que la vida me ofrece.
Merezco vivir con las comodidades modernas que están disponibles para todos los humanos si así yo lo deseo.
Merezco viajar por el mundo y conocer otras culturas si esas actividades se acomodan a mis expectativas de vida.
Merezco disfrutar de cosas finas y elegantes incluyendo ropa y comidas saludables.
Merezco ser parte de las estéticas culturales del globo terráqueo incluyendo lugares exóticos y bellos si llevo esas exigencias dentro de mi.
Merezco deleitarme con la buena lectura de las mejores

creaciones artísticas.

Merezco ser una persona educada que se deleita con todas las formas de las artes que pueblan el globo terráqueo.

- Durante la infancia, los niños poseen y expresan la psicología del merecimiento a plenitud como una parte vital de sus capacidades imaginativas, creativas e innovadoras. –

CAPÍTULO 2:

La psicología merecimiento y el desarrollo infantil

Historia corta. Juan parte 2.

Juan, a sus 25 años de edad, todavía era excesivamente tímido para comunicarse con las mujeres.

Rosa, esa mujer con su piel color de chocolate, cabellos negros largos, ojos grandes y vivaces y una sonrisa que evocaba el paraíso. Ella despertaba en Juan todos sus traumas de la niñez hacia el sexo femenino.

Cuando Juan percibió el olor que Rosa expelía de su cuerpo, sus procesos mentales se petrificaron y enmudeció. Quería introducirse a ella, pero las palabras no le salían de sus labios. Juan creía que en ese momento todos sus miedos a los cuerpos femeninos se habían acumulado en su cerebro.

"Hola", dijo Juan, cuando al fin pudo vencer su hechizo. Rosa lo miró sin responder el saludo.
Juan, de pie, sin moverse, observaba a Rosa alejarse para cumplir con sus quehaceres de supermercado.

1. La psicología del merecimiento y el desarrollo infantil

La psicología del merecimiento surge y crece durante el desarrollo infantil.

Las etapas del desarrollo humano han sido estudiadas y descritas magistralmente por varios investigadores y autores clásicos.

El Dr. Sigmund Freud planteó las etapas o fases psicosexuales del desarrollo infantil que son clásicas. El Dr. Freud elaboró etapas del desarrollo psicosexual como: Oral, Anal, fálica, latencia y genital.

El Dr. Jean Piaget desarrolló las etapas del desarrollo cognitivo infantil como: sensoriomotriz, preoperacional, operaciones concretas, y operaciones formales.

Cuando estudiamos el desarrollo humano infantil, sin importar cuál modelo teórico utilicemos, la premisa importante es que este se produce en etapas o fases.

Durante estas etapas del desarrollo infantil de los humanos surge la psicología del merecimiento. Temprano durante la niñez, los infantes aprenden, al principio observando los modelos adultos, cuáles cosas merecen obtener de la vida, y cuáles están fuera de su alcance.

Las palabras que los niños reciben de sus padres o tutores durante estas etapas de su desarrollo son cruciales en el proceso del aprendizaje de la psicología del merecimiento.

Los padres pueden decir:

"No, somos pobres y no tenemos suficiente dinero para comprarte eso…" O estos mismos padres podrían expresar lo mismo de esta manera:
"Ahora no podemos comprártelo, pero empezaremos a ahorrar dinero y te lo compraremos con tus ahorros para

esos fines..."

Estos dos enfoques producen resultados diferentes en el aprendizaje de la psicología del merecimiento durante la niñez.

Más tarde en este proceso los niños/as aprenden a compararse con sus compañeros de escuela. La psicología del merecimiento se afianza y refuerza durante la pre-adolescencia y la adolescencia durante las interacciones de iguales. Además, en esta fase del desarrollo humano la

identidad y la autoestima se erigen como predominantes en la personalidad de los preadolescentes y de los adolescentes. La psicología del merecimiento echa sus raíces en estos rasgos de la personalidad humana.

2. Merezco poseer un cerebro sabio e inteligente
   Merezco educarme.

Merezco saber leer y escribir.
Merezco desarrollar el hábito de la lectura.
Merezco leer buenos libros escritos por autores prestigiosos. Merezco inundar mi cerebro con la sabiduría de los filósofos griegos. Merezco ser parte de las academias superiores.
Merezco ser miembro de las mejores librerías públicas en el globo terráqueo.
Merezco tener una mente brillante. Merezco disfrutar de las artes creativas.
Merezco ser un intelectual creativo e innovador. Merezco

poseer una mente privilegiada y lúcida.
Merezco tener un coeficiente intelectual a nivel de un genio. Merezco poseer y ejercitar mis talentos.
Merezco elegir y practicar una profesión que me llene de pasión. Merezco ser un ser creativo e innovador.
Merezco guiar y dirigir mi propio destino para vivir la vida. Merezco ser parte de una élite con cerebros geniales.
Merezco estimular mi cerebro para que conserve su plasticidad toda la vida.

Ejercicio # 1

En tu imaginación, vuelve a tu adolescencia y echa un vistazo a cómo la viviste

Ejercicio # 2

Puedes hacer memoria si había cerca de ti algunos adolescentes a quienes admiraba y deseaba ser como ellos

¿Por qué los admiraba y quería imitarlos?

Cuenta a un amigo que estima o a tu terapeuta la historia respecto a esta situación parte de tu adolescencia.

Piénsalo bien:

La psicología del merecimiento infantil es ilimitada

Las capacidades imaginativas de los niños no poseen límites.

Las mentes de los niños crean amigos imaginarios con poderes mágicos. En los primeros años del desarrollo infantil los niños tienen dificultades para entender la palabra NO.

El universo infantil está poblado de la palabra SI.

El mundo mental de la niñez está abierto a posibilidades infinitas. La psicología del merecimiento infantil es ilimitada.

Los adultos encargados de los niños socializan su psicología del merecimiento para adaptarla al mundo "real" de la vida adulta.

Y cuando los estadios de la adolescencia abandonan los cuerpos para transformarse en la etapa de la adultez, los poderes de la psicología del merecimiento han sido disminuidos a su mínima expresión.

En una cantidad considerable de adultos la psicología del merecimiento es una sombra simbólica, no es un hecho predominante de la vida diaria.

La psicología del merecimiento cabarga montada en los caballos de la imaginación, las fantasías y la creatividad innovadora.

Preguntas curiosas

¿Merezco ser amado y amar saludablemente?
¿Merezco disfrutar de relaciones sanas y felices?

El arte de merecer

Merezco disfrutar de una niñez feliz, segura y protegida. Merezco vivir como un niño durante las fases de mi niñez. Merezco tener amigos imaginarios que expandan mi creatividad.
Merezco imaginar y crear fantasías infantiles porque ellas desarrollan billones de conexiones neuronales en mi cerebro de niño.
Merezco educar, alimentar y estimular mi cerebro infantil positivamente. Merezco encontrar y entrar por las puertas de la lectura y la escritura antes de cumplir mis cinco años de edad.
Merezco estar rodeado de todas las clases de libros durante mi niñez y poder inspirar mi creatividad solo al tenerlos a mi alrededor.
Merezco ser un niño educado y con una cultura universal.

La psicología del merecimiento es componente esencial del carácter de cada persona y se expresa en la actitud mental frente a la vida. La psicología del merecimiento permite que cada persona exhiba una actitud mental positiva, o su opuesto, una actitud mental negativa, y en la vida, todo se resume en la actitud mental para enfrentarse a ella.

CAPÍTULO 3:

La psicología del merecimiento y los rasgos predominantes de la personalidad

Historia corta

Soy Isidora, y la vida humana a mi alrededor siempre me ha parecido colorida.

Mi tía Juana, por ejemplo, lucía una mujer extraña y enigmática. Ella vestía ropas coloridas y se dejaba el cabello suelto todo el día. Tenía varios hijos y una hija, pero nunca se veía a ningún hombre viviendo en su humilde casa hecha de madera, cubierta de ramas de la mata del coco y el piso de tierra. Caminaba descalzo y llevaba siempre un machete largo en su mano derecha, como si estuviera lista a atacar a alguien. No hablaba con nadie, y si alguna persona la saludaba, solamente la miraba y le sonreía levemente. La propiedad que rodeaba su casa estaba llena de árboles con todo tipo de frutas, pero los niños de la comunidad no se acercaban porque le temían a su dueña. En la comunidad, a Juana la tildan de "loca". En mi niñez, mi tía Juana solo me parecía una mujer extraña y enigmática, pero con sus cincos sentidos intactos.

1. El merecimiento y los rasgos predominantes de la personalidad

El estudio de la personalidad humana ha recibido diferentes enfoques. Nos vamos a enfocar en tres (3) de ellos para ilustrar el tema de este capítulo.

El Dr, Sigmund Freud

El Dr. Sigmund Freud plantea su teoría de Ia personalidad como compuesta por el id, el ego y el superego. Estos componentes de la personalidad interactúan y están en conflicto entre ellos. El id es la parte inconsciente e instintiva de la mente que dirige los impulsos humanos más básicos, según el Dr. Freud. El ego es el componente consciente de la mente que trata con la realidad tal y como se presenta. Mientras que el superego es el área de la mente que se encarga de la conciencia y la moralidad.

El Dr. Carl Jung

El Dr. Carl Jung elaboró su teoría de la personalidad humana alrededor de varios conceptos o ideas importantes, pero las más predominantes de estas ideas son las de introversión y extroversión. De acuerdo al Dr. Jung, las personas expresan los pensamientos, las emociones, las sensaciones y las intuiciones a través de los rasgos de personalidad introversión y extroversión. Los rasgos de personalidad introversión y extroversión se expresan en patrones universales de pensamientos, actitudes y conductas, como son las ideas de persona o máscaras sociales, las sombras, y la sincronicidad que da sentido al vivir cotidiano.

El Dr. Gordon Allport

Para el Dr. Gordon Allport, la personalidad del ser humano está influenciada por los factores de las experiencias infantiles y los factores del ambiente cultural presente. Estos factores forman y desarrollan los rasgos de la personalidad humana. Según el Dr. Allport, los rasgos de la personalidad pueden ser: 1) rasgos cardinales que son dominantes y se muestran en casi todas las conductas de las personas que los poseen; 2) rasgos centrales que son características que definen las interacciones de sus poseedores; 3) rasgos secundarios que las personas los exhiben solamente en ciertas situaciones.

2. La psicología del merecimiento forma parte de la personalidad humana

La psicología del merecimiento es un componente vital e intrínseco de los rasgos predominantes de la personalidad de cada ser humano. En términos del Dr. Freud, la psicología del merecimiento es un componente del superego de cada persona. Cada ser humano aprende temprano en el proceso del desarrollo y dentro de la cultural psicosocial en donde se socializa, lo que merece o no recibir y obtener de la vida. La psicología del merecimiento es una parte intrínseca de la conciencia y el sentido de moralidad de cada ser humano.

En términos del Dr. Jung, cada ser humano expresa la psicología del merecimiento en los rasgos predominantes de introversión y de extroversión que su personalidad exhibe diariamente. En estos rasgos se encuentran sus pensamientos, emociones, actitudes, percepciones y creencias hacia sí mismo y hacia la vida como un todo. La psicología del merecimiento es un componente vital de los rasgos predominantes de la personalidad que cada ser humano exhibe.

En términos del Dr. Allport, la psicología del merecimiento es un componente intrínseco de los rasgos cardinales, centrales y secundarios de la personalidad de cada ser humano.

Hay otros investigadores y teorías de la personalidad humana, pero nos hemos centrado en estos tres porque creemos ejemplifican a carta cabal cómo la psicología del merecimiento es un componente vital de los rasgos de personalidad de cada ser humano.

Como un componente de los rasgos de personalidad de cada ser humano, la psicología del merecimiento sigue y se acomoda a las reglas, patrones y parámetros socioculturales que se utilizan como instrumentos socializadores.

Mientras una persona expresa su psicología del merecimiento de la siguiente manera:

"Nací en una sociedad que me inculca que soy merecedor de las mejores cosas de la vida…"

Otra persona expresa su psicología del merecimiento de esta manera:

"Nací en una sociedad que me muestra que solo un grupo de personas selectas merecen disfrutar de las mejores cosas de la vida…"

Sin embargo, cada ser humano necesita alcanzar el siguiente grado de comprensión de su psicología del merecimiento:

"Es parte vital de mi personalidad entender y poseer conciencia de lo que merezco o no obtener y disfrutar de la vida…"

Ejercicio # 1

Verbaliza de forma natural tres (3) cosas importantes que crees merecer y poseer de la vida

Ejercicio # 2

Enumera tres (3) cosas importantes que posees y disfrutas ahora, y que sin duda mereces tener en tu vida

Piénsalo bien:

¿Cuáles personas ejercieron marcadas influencias en el desarrollo de tus rasgos predominantes de personalidad?

¿Podrías elaborar una lista de esas personas?

¿Cómo se relacionaron contigo esas personas?

¿Cómo te hablaron y qué te decían?

¿En qué ambiente sociocultural y económico creciste?

En ese ambiente, ¿se hacían enfoques en la abundancia o en la escasez? Tu actual psicología del merecimiento, ¿cómo la aprendiste y de quién?
¿Cómo aprendiste tus creencias acerca de lo que mereces tener o no en la
vida?

Preguntas curiosas

¿Cómo te sientes al responder estas preguntas?

¿Cuáles emociones afloran a tu tono emocional?

El arte de merecer

Merezco poseer una personalidad equilibrada y balanceada entre el Yin y el Yang.
Merezco tener un coeficiente intelectual que me permita ser una persona exitosa a mi propio estilo.
Merezco ser un ser humano emocionalmente inteligente que sabe cómo gestionar sus emociones con inteligencia.
Merezco comprender que mi vida es bella y merecedora de vivirla plenamente.
Merezco aprender a tomar decisiones sanas en las etapas tempranas de mi desarrollo humano.
Merezco entender que soy un ser humano completo que se dirige constantemente hacia su propia y única plenitud.
Merezco desarrollar, crecer y expresar mis propios rasgos de personalidad que me permitan ser único e irrepetible en el universo.

- Cada vez que una persona responde a las preguntas de ¿quién soy yo?, y, ¿qué quiero hacer con mi vida?, está haciendo referencia a su psicología del merecimiento. –

CAPÍTULO 4:

La psicología del merecimiento, la identidad y la autoestima

Historia corta

"Tengo una identidad que adquirí interactuando con una realidad difusa" dijo María.

"Todos me decían cómo y quién debería ser yo, a quiénes tenía que parecerme, para qué había llegado a la tierra, qué debía hacer yo con mi vida y cómo debería vivirla, quiénes eran mis héroes y heroínas, qué debía hacer con mi cuerpo, mi mente y mi alma, a quiénes debía amar u odiar, dónde debía vivir y viajar, qué debería estudiar y a la profesión que debía dedicarme, cuál debía ser mi identidad y cómo debería exhibir mi autoestima. Pero yo solo quería ser yo misma, descubrir mis propios senderos, encontrar y construir mi proyecto de vida y ser una persona única e irrepetible. Al final, construí mi identidad y autoestima interactuando con una realidad difusa y amorfa..."

1. La psicología del merecimiento, la identidad y la autoestima

La identidad y la autoestima, aspectos cruciales de la personalidad humana, han sido estudiados por varios autores. Existe un entendimiento generalizado dentro de las ciencias psicológicas de que ambas, la identidad y la

autoestima, son componentes vitales y esenciales de la personalidad humana. Ambos paradigmas han tenido y siguen teniendo considerable
atención de los estudiosos e investigadores de la personalidad humana y sus diversas ramificaciones.

Dr. William James

El psicólogo y filósofo norteamericano William James fue el primero en introducir la idea de la autoestima como un componente importante de la psicología. El Dr. James definió la autoestima como los sentimientos de autovaloración de una persona, que se originan con el hecho de la persona cumplir con expectativas que ella ella valora positivamente. Para el Dr.
James, si los éxitos de una persona son menores que sus expectativas, sus niveles de autoestima decrecen. Y lo opuesto: si los éxitos de una persona son más grandes que sus expectativas, su autoestima aumenta.

Dr. Morris Rosenberg

El Dr. Morris Rosenberg definió la autoestima como la totalidad de nuestros pensamientos y emociones que se refieren a nosotros mismos. Según el Dr. Rosenberg, una una autoestima alta y estable hace que la persona se sienta confiada, segura, capaz y positiva de sí misma, y esto afecta todos los aspectos de la vida de esa persona. El Dr. Rosenberg desarrolló una escala para medir la autoestima, la cual sigue siendo de mucha utilidad para estudiar este aspecto de la personalidad humana.

Dr. Abraham Maslow

El Dr. Abraham Maslow desarrolló la clásica y famosa jerarquía de necesidades humanas, en la que las necesidades de autoestima ocupan el nivel número cuatro. Para el Dr. Maslow, la autoestima de una persona involucra sus sentimientos de autovaloración acompañados por logros o éxitos y respeto. El Dr. Maslow explicaba que, la habilidad de una persona para experimentar una autoestima alta se origina en sentirse amada y aceptada por sus familiares y sus comunidades.

Dr. Erik Erikson

El Dr. Erik Erikson plantea que los seres humanos se desarrollan en etapas (confianza vs desconfianza, autonomía vs vergüenza y duda, iniciativa vs culpabilidad, emprendimiento vs inferioridad, identidad vs confusión, Intimidad vs aislamiento, integridad vs desesperanza), y que para que estas etapas se muevan saludablemente las personas necesitan poseer un fuerte sentido de identidad personal o autoestima.

Dr. Alfred Adler

El Dr. Alfred Adler explica que los sentimientos de inferioridad pueden guiar a la persona a tener una baja autoestima. El Dr. Adler es famoso por desarrollar el concepto de "complejo de inferioridad", el cual lo poseen las personas que no pueden compensar sus sentimientos de inferioridad adquiridos en su niñez. Según el Dr. Adler, la forma de superar el complejo de inferioridad en la vida adulta es luchando por la superioridad y adquiriendo crecimiento personal.

Dr. Nathaniel Braden

El Dr. Nathaniel Branden es en la actualidad un gran exponente del concepto de autoestima. Su libro "Los seis pilares de la autoestima" es una referencia obligada sobre este tema. El Dr. Branden define la autoestima como la experiencia de sentirse competente para enfrentarse con éxitos a los retos de la vida, y de creer y sentir que se es digno y merecedor de felicidad.

2. La psicología del merecimiento

Cuando examinamos las definiciones de autoestima presentadas por estos investigadores no nos queda ninguna duda de que la psicología del merecimiento tiene una conexión simbiótica con la identidad y la autoestima.

Lo que cada ser humano percibe merecer de la vida depende de la identidad y de los grados de autoestima de ese ser humano. Por lo general, una persona con grado alto, estable, saludable y consistente de su autoestima se percibe merecedora de grandes logros y éxitos en su vida personal y social. Y además, esa misma persona establece metas y objetivos para alcanzar esos logros que ella espera recibir de la vida, porque se cree merecedora y espera disfrutar de lo que merece de la vida.

Lo opuesto es también una realidad observable y medible: una persona con grado bajo, inestable, poco saludable e inestable de su autoestima se percibe no merecedora de grandes logros y éxitos en su vida. Esa misma persona carece de la motivación intrínseca para establecer metas y objetivos, porque ella no espera recibir y disfrutar de estos logros en su vida.

La psicología del merecimiento es un ingrediente importante que puede utilizarse como estrategia para aumentar los gradientes de la autoestima de una persona.

¿Es la autoestima un componente de la personalidad humana medible? La respuesta categórica a esta pregunta es un sí rotundo.

Algunos instrumentos que podemos utilizar para medir la autoestima son los siguientes:

1. La Escala para medir la autoestima del Dr. Rosenberg, quizás la más conocida y utilizada para estos fines. El cuestionario consiste en diez preguntas que se responden por el nivel de acuerdo o desacuerdo con la afirmación planteada. Cada afirmación posee una valencia numérica, y mientras más alto el puntaje final más alta la autoestima de la persona.
2. El test de autoestima del Dr. Sorensen es similar al anterior.

La manera cómo me siento, me percibo a mí mismo y me auto valoro, está correlacionada con los niveles de mi psicología del merecimiento.

Mientras más altos, saludables, estables, positivos y consistentes son los grados de mi psicología del merecimiento, más estable, saludable, alta y consistente será mi autoestima.
En otras palabras: mi percepción de que yo merezco ser y tener de la vida están relacionados con mi autovaloración y mi autoimagen, es decir, con los niveles de mi autoestima.

3. El bienestar me persigue

Mi vida fluye entre la duda y la certeza. Soy una persona merecedora.
Creo en mi potencial creativo. Creo en un devenir positivo.
Mi vida posee una dirección positiva.
Exhibo una actitud mental positiva hacia mi cerebro.
Mis pensamientos fluyen a borbotones como un río caudaloso. Merezco una vida colmada de las alegrías que habitan en los océanos. Mi vida es tierna y sabrosa como la miel recién sacada del panal.

Soy una persona valiosa y merecedora de que me sucedan cosas buenas. Mi vida está impregnada de gracia y de gratitud.
Poseo un autoamor estable y saludable.

Mi auto valor y mi auto imagen fluyen al compás

melodioso de los sonidos de la brisa en las ramas de los árboles.

Soy una persona merecedora y la bondad y el bienestar me persiguen.

Ejercicio # 1

Enumera tres grandes logros de tu vida de los cuales estás orgulloso

Ejercicio # 2

Nombra tres habilidades en las cuales eres altamente competente

Piénsalo bien:

Recibimos y disfrutamos de la vida lo que esperamos, creemos y trabajamos para recibir de ella.

¿Qué has recibido de la vida?

En lo más íntimo de tu ser, ¿qué esperas recibir de la vida?

¿De qué eres merecedora/or en la vida?

¿Con cuáles palabras y expresiones define tu vida?

¿Cómo te sientes al conocer a alguien que está viviendo el estilo de vida que te gustaría vivir?

¿Cómo expresas esas emociones con palabras?

El arte de merecer

Merezco poseer una identidad clara, estable y autodirigida.

Merezco saber que poseo el poder interior de ser y vivir la vida como Yo la creo y la percibo.

Merezco tener y expresar una identidad robusta y saludable. Merezco comprender que mi identidad es única y que yo soy único.

Merezco desarrollar y exhibir una autoestima alta, saludable, robusta, estable y consistente.

Merezco poseer y mostrar autovaloración positiva.

Merezco tener y expresar una auto imagen saludable y consistente con mi autovaloración estable y saludable.

Merezco saber mostrar hacia afuera mi verdadero Yo en la mayoría de mis interacciones humanas.

Merezco poseer y expresar una psicología del merecimiento robusta, saludable, estable y consistente.

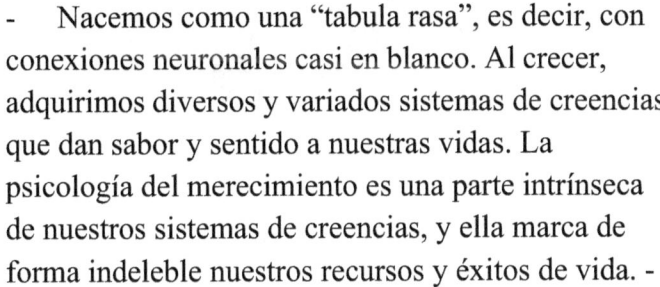

- Nacemos como una "tabula rasa", es decir, con conexiones neuronales casi en blanco. Al crecer, adquirimos diversos y variados sistemas de creencias que dan sabor y sentido a nuestras vidas. La psicología del merecimiento es una parte intrínseca de nuestros sistemas de creencias, y ella marca de forma indeleble nuestros recursos y éxitos de vida. -

CAPÍTULO 5:

La psicología del merecimiento y el sistema de creencias

Historia corta

"Nuestras creencias se forman y almacenan en nuestras conexiones neuronales en los primeros años del desarrollo infantil" le explicó el terapeuta José a sus clientes.

Celebraban una reunión grupal del grupo de apoyo para clientes que tratan sus síntomas depresivos. El terapeuta José implementó esta idea para acelerar y acortar el tratamiento de los clientes que sufrían de depresión.

"La depresión, como todas las autopercepciones, se alimenta de nuestras creencias" decía el terapeuta José en casi todas las reuniones del grupo.

1. La psicología del merecimiento y el sistema de creencias Definición:

El sistema de creencia es una ideología o un grupo de principios que nos ayudan a interpretar nuestras percepciones diarias de la realidad. Es un conjunto de principios que nos ayuda a interpretar el mundo y el lugar que nosotros desempeñamos en él.

Existen varios factores que moldean nuestro sistema de creencias, incluyendo la crianza, la cultura y las experiencias personales que tenemos con la vida. Nuestro sistema de creencias está cohesionado y estructurado a través de principios claves que nos facilitan la vida, y además, se alimenta de sistemas de creencias colectivas en la sociedad.

El sistema de creencias tiene influencia en lo que pensamos, sentimos y hacemos, porque evoluciona durante el desarrollo de las etapas y las fases de la vida. Además, el sistema de creencias se manifiesta de diversas maneras, como es por medio de nuestras ideas religiosas, políticas y los valores cardinales que definen nuestro carácter.

Se admite que un sistema de creencias posee cuatro componentes: conocimiento, visión, intuición y actitud.

Algunas áreas poderosas de un sistema de creencias son:

1. Las creencias, ideas y percepciones que tengo de mí mismo.

¿Quién soy? ¿Cómo me defino y qué le cuento a mi ser íntimo de mí?
¿Cómo le describo a los demás la historia de mi vida? ¿Cómo me trato cuando "cometo un error o me equivoco"? ¿Cómo me relaciono con mis éxitos, fortalezas y "debilidades"?

2. Las creencias, ideas y percepciones que tengo hacia los hechos, situaciones y circunstancias de la vida.

¿Merezco recibir y disfrutar de las cosas buenas de la vida? ¿Es mi vida sobre la tierra un espacio bello o tormentoso? ¿Vivo mi vida desde un lugar feliz y paradisiaco, o desde uno infeliz y parecido a un infierno?

3. Las creencias, ideas y percepciones que tengo de mis relaciones e interacciones con los demás, la naturaleza y el universo.

¿La vida y el universo están a mi favor o en mi contra? ¿Creo que vivo en un universo pleno de abundancia o plegado de escasez? En mis relaciones e interacciones humanas, ¿atraigo hacia mí personas con energías positivas y felices, o personas con energías negativas e infelices?

La psicología del merecimiento está basada en la creencia de merecer y de ser merecedor/a.

Si una persona cree merecer y disfrutar de las cosas buenas de la vida, su creencia merecedora le servirá de motivador interno para lograrlas y disfrutarlas.

Si una persona no cree merecer y disfrutar de las cosas buenas de la vida, su creencia no merecedora actuará en su contra para alcanzar logros en la vida.

Ejercicio # 1

Establece una conversación en un espacio tranquilo con una persona que te conoce bien, y pregúntale:
¿Cuáles son las tres (3) creencias principales que yo poseo y que controlan una gran porción de mi vida?
Escucha las respuestas que te ofrecen sin hacer

interrupciones.

Ejercicio # 2

En tu diario, ejercítate para describir tres (3) metas importantes que te has propuesto porque crees merecer y disfrutar de sus resultados, y que hasta ahora las has logrado con creces, y además, estás orgulloso de esos logros en tu vida.

Piénsalo bien:

La psicología del merecimiento permea e impregna todas nuestras creencias. Ella transita por todas las conexiones neuronales de nuestro cerebro, y canta y baila con las músicas de nuestro sistema emocional.

La psicología del merecimiento es la autora de las historias que componen el guion y la trama de nuestros logros en la vida.

La película de los logros de la vida que proyectamos hacia afuera ha sido escrita, filmada y dirigida por nuestra psicología del merecimiento.

Todas las escenas de tu película de logros o falta de ellos en la vida son actuadas por los niveles de la psicología del merecimiento que posees.

Creo en todo lo bueno que merezco recibir de la vida.

Creo en mí y en mis poderes para imaginar nuevas

perspectivas y propuestas innovadoras para mi vida.

Creo en los nuevos comienzos simbolizados en las estaciones del año. Creo en la resiliencia que palpita en mi cerebro.
Creo en la esperanza que despierta en las pestañas de cada nuevo amanecer.

Creo en el rocío que cuelga de las hojas en las mañanas. Creo en los procesos mentales que guían mis emociones matutinas.

Creo en los momentos creativos que abren las puertas a nuevas probabilidades para vivir.

Creo en las nuevas ideas que duermen conmigo por las noches. Creo en los sueños que presagian un porvenir venturoso.

Creo en las estrellas que me guían hacia espacios mágicos de la vida. Creo en todo lo bueno que merezco recibir de la vida.

Pregunta curiosa

¿Soy un imán de positivismo y abundancia para mí y todos los que me rodean?

El arte de merecer

Merezco tener y expresar creencias que beneficien mi desarrollo humano pleno.

Merezco crear nuevas carreteras neuronales en mi cerebro para las creencias que fortalecen mi felicidad.

Merezco comprender y fortalecer la plasticidad natural de mi cerebro para aprender cosas novedosas y positivas.

Merezco disfrutar del bienestar y ser un agente e instrumento de bienestar para toda la humanidad.

Merezco que las buenas noticias invadan mi cuerpo constantemente. Merezco vivir como un imán que atraiga cosas buenas hacia mí constantemente.

Merezco disfrutar de las emociones del gozo y la alegría. Merezco exudar paz, serenidad, tranquilidad y calma en mi cuerpo. Merezco aprender a relajar, tranquilizar, calmar y serenar mi cerebro practicando mindfulness o atención plena cada día.

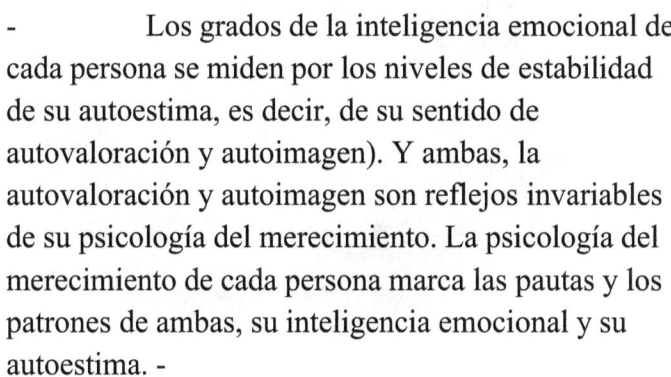

- Los grados de la inteligencia emocional de cada persona se miden por los niveles de estabilidad de su autoestima, es decir, de su sentido de autovaloración y autoimagen). Y ambas, la autovaloración y autoimagen son reflejos invariables de su psicología del merecimiento. La psicología del merecimiento de cada persona marca las pautas y los patrones de ambas, su inteligencia emocional y su autoestima. -

CAPÍTULO 6:

La psicología del merecimiento y la vida afectiva y emocional

Historia corta

"Colegas profesionales, ahora estamos descubriendo que la inteligencia emocional es en varios aspectos más importante que la inteligencia intelectual" le dijo Andrea a su audiencia durante el primer día del seminario sobre la inteligencia emocional para líderes de equipos profesionales de empresas bancarias.

Andrea y su equipo tenían cinco años impartiendo este seminario en el que solamente admitían a treinta participantes. El equipo había creado un seminario con un contenido educativo y lleno de dinámicas y ejercicios interactivos que había hecho este seminario famoso. Empresas importantes de todas las áreas incluidas las bancarias competían para obtener cupos cada vez que se abría un ciclo nuevo del seminario. El seminario duraba dos días, viernes y sábado, y tenía una estructura tipo retiro con espacios para descansar, relajarse y compartir con los participantes.

"¿Qué debo esperar de este seminario"? Preguntó Juan un poco tímido durante la sesión introductoria.

"Transitar por un viaje dentro de ti saludando y bailando con tus emociones, al mismo tiempo que obtienes una mejor comprensión de la relación que existe entre las conexiones neuronales y tu vida emocional. Para todos ustedes, este será un vieja entretenido y creativo que al final les dará

perspectivas innovadoras y motivadoras para ejercer sus profesiones y ejecutar sus trabajos" respondió Andrea.

La psicología del merecimiento y la vida afectiva y emocional

Definición:

La inteligencia emocional se define como la habilidad que una persona posee para percibir, expresar, entender y gestionar sus emociones saludablemente.

El Dr. Daniel Goleman, quien originó la actual revolución del paradigma de la inteligencia emocional señala que existen cinco factores centrales a la inteligencia emocional: empatía, comunicación efectiva o destrezas sociales, autoconciencia, autorregulación y motivación. Su libro clásico "La inteligencia emocional" es una lectura obligada en esta área.

Para enseñar a practicar la inteligencia emocional se habla de las 4 Rs: Reconocer, Reflejar, Replantear y Responder. Transitar este proceso de cuatro pasos contribuye con la adquisición de las destrezas para que una persona se transforme en alguien emocionalmente inteligente.

Reconocer: todas las emociones humanas necesitan ser reconocidas y honradas. Esta es la puerta de entrada para poder vivir en la casa en donde la inteligencia emocional habita.

Reflejar: expresar de forma saludable y dejar salir las emociones del cuerpo es la segunda puerta que la casa de la inteligencia emocional posee.

Replantear: a veces, las emociones no se expresan de manera saludable ni para el emisor ni para el receptor, y entonces se hace necesario replantearlas conscientemente y con claridad.

Responder: las conductas de reaccionar y de responder a las emociones no significan lo mismo ni tampoco producen los mismos resultados. Para poder responder es necesario procesar las emociones conscientemente.

Los estudios señalan que una inteligencia emocional fuerte y saludable mejora el rendimiento académico, la salud psicoemocional y las relaciones sociales. Además, desarrollar inteligencia emocional predice el éxito en el trabajo, la escuela y en las relaciones interpersonales.

La psicología del merecimiento está intrínsecamente conectada con la inteligencia emocional de varias maneras incluyendo las siguientes.

1. Una persona con altos niveles de la psicología del merecimiento denota y exhibe altos grados en su autoestima, y ya sabemos que existe una conexión simbiótica entre la autoestima y la psicología del merecimiento.

2. Para que una persona exprese niveles saludables de su psicología del merecimiento, esa persona necesita

poseer una inteligencia emocional saludable, estable y alta.

3. Las personas que expresan pobreza y carencias en las expresiones de su psicología del merecimiento y que no saben cómo satisfacer sus necesidades, tampoco pueden expresar sus emociones saludable e inteligentemente.

4. La psicología del merecimiento es parte del paquete que compone la inteligencia emocional, debido a que esta es un componente vital de la autoestima, y por ende, de la personalidad y el carácter de cada persona.

Claramente, poseer una autoestima estable, saludable, estable y consistente permite tener y expresar una psicología del merecimiento que satisfaga las necesidades y las expectativas de sus poseedores. Lo opuesto es observable también: las personas con niveles bajos e inestables de su autoestima exhiben una psicología del merecimiento deficiente y carente que no permite que ellas reclamen y honren su lugar merecido en el mundo.

Una psicología del merecimiento deficiente y carente impide que las personas se comuniquen de forma asertiva, y que por tanto, les resulte difícil expresar sus deseos, motivaciones y expectativas claramente.

Existe una correlación simbiótica entre la autoestima y la psicología del merecimiento, de manera que una persona que desarrolla y expresa una

autoestima alta, robusta, saludable, estable y consistente, generalmente posee y expresa una psicología del merecimiento con estas mismas características.

Ejercicio # 1

Existen buenos inventarios o tests para medir la inteligencia emocional, entre ellos:

1. El Test de Inteligencia Emocional Mayer-Salovey-Caruso.
2. El Cuestionario para Medir los Rasgos de Inteligencia Emocional.
3. El Inventario del Coeficiente Emocional.
4. La Escala de Inteligencia Emocional de Wong.

Un ejercicio inteligente que puedes emprender es aplicarte algunos cuestionarios de inteligencia emocional de estos mencionados u otros asequibles para ti.

Ejercicio # 2

Discute los resultados obtenidos de tu aplicación de algún cuestionario o escala de inteligencia emocional con amigos confiables o con tu terapeuta.

Piénsalo bien

¿Puedes ver con claridad la conexión existente entre la inteligencia emocional y la psicología del merecimiento?

Si examinas y evalúas los niveles actuales de tu psicología del merecimiento, ¿podrías conectarlos con los grados actuales de tu inteligencia emocional?

En el presente, ¿te consideras una persona emocionalmente inteligente?

¿Te consideras una persona con una psicología del merecimiento altamente satisfactoria para satisfacer tus necesidades y expectativas presentes?

Puedes utilizar tu diario para responder estas preguntas y reflexionar sobre tus respuestas.

El arte de merecer

Merezco aprender a gestionar sabiamente el paquete de mis emociones, tanto las llamadas "negativas" como las positivas.
Merezco saber expresar cada una de mis emociones saludablemente. Merezco sentirme cómodo y seguro con todas las emociones que habitan en mi cuerpo.
Merezco saber nombrar cada una de mis emociones.
Merezco distinguir las señales distintivas que cada emoción crea en mi cuerpo.
Merezco disfrutar y expresar sanamente cada una de mis emociones. Merezco aprender a ser una persona emocionalmente inteligente.

- La práctica de la psicología positiva es el corazón palpitante que indica que una persona posee altos niveles de la psicología del merecimiento. -

CAPÍTULO 7

La psicología del merecimiento y la psicología positiva.

Historia corta

"No he podido determinar lo que me sucede ni por qué nunca puedo tomar decisiones que me beneficien" le contó Matilde a su terapeuta durante la segunda sesión.

"Entiendo que te sientes frustrada con algunas de tus decisiones pasadas" respondió la terapeuta.

"Mi vida parece estar inmersa en un desastre en estos momentos" verbaliza Matilde.

"Te voy a regalar unas frases que mi coach me transmitió hace varios años, y que a lo mejor te ayude en estos momentos, Matilde", dijo la terapeuta.

"Necesito una píldora sanadora con urgencia" respondió Matilde.

"No poseemos un borrador para borrar nuestro pasado, pero sí tenemos un lápiz para escribir nuestro presente y nuestro futuro" expresó la terapeuta de forma pausada.

"La otra frase dice que, la píldora sanadora más poderosa la poseemos dentro de nosotros" concluyó la terapeuta.

La psicología del merecimiento y la psicología positiva
Definición

La psicología positiva es el estudio científico de las fortalezas, virtudes y cualidades humanas positivas que contribuyen con su bienestar y florecimiento.

Esta se enfoca en entender lo que hace que valga la pena vivir, y procura aumentar el bienestar humano y no solamente tratar "las enfermedades mentales".

Algunos de los enfoques específicos de la psicología positiva son:

1. Se centra en las fortalezas y las virtudes humanas y no en sus debilidades.
2. Enfatiza el bienestar humano para entender y mejorar al individuo y a la comunidad.
3. Procura que tanto el individuo como la comunidad florezcan para que vivan vidas con propósito.
4. Explora las emociones positivas como la felicidad, el gozo y la gratitud, y cómo estas emociones impactan el bienestar humano.
5. Contribuye con el proceso de que las personas encuentren significado y propósito, y cómo este influye en el bienestar diario de cada persona.
6. Examina la importancia de las relaciones positivas y de cómo estas afectan el bienestar humano.
7. Ayuda a que las personas desarrollen resiliencia para que se enfrenten a los retos de la vida exitosamente.
8. Enseña a las personas a practicar gratitud y atención

plena para que puedan mantenerse en un estado psicológico positivo.

Se considera al Dr. Martin Seligman el fundador primario de la psicología positiva. Como presidente de la APA en los años 90, el Dr. Seligman contribuyó a popularizar esta área de la psicología cambiando el enfoque de salud mental al de bienestar psicoemocional, las fortalezas y el florecimiento de las personas. Otros impulsores de la psicología positiva
son el Dr. Abraham Maslow, el Dr. Mihaly Csikszentmihalyi, y la Dra. Ellen Langer.

La práctica de los postulados de la psicología positiva es el elemento primario para aprender y desarrollar la psicología del merecimiento.

1. Una persona que se enfoca en sus fortalezas las desarrolla y descubre el valor intrínseco que ella posee.
2. Una persona que cuida y estimula su bienestar psicoemocional aprende a auto amarse, quererse y entender lo que merece de la vida.
3. Una persona que florece y crece desde dentro encuentra su propósito para vivir.
4. Una persona que cultiva sus emociones positivas aprende a disfrutar de los mejores regalos de la vida.
5. Una persona que vive su vida con propósito crea e implementa un proyecto de vida que incluye la psicología del merecimiento como piedra angular.

6. Una persona que crea y desarrolla relaciones positivas y saludables descubre lo mejor dentro de sí y en los demás.
7. Una persona que practica la resiliencia desarrolla una actitud positiva hacia sí misma, la vida y hacia los demás.
8. Una persona que practica la gratitud aprende a ver el vaso medio lleno en cada una de las situaciones y circunstancias de su vida.

Poseer y expresar una psicología positiva equivale a practicar una psicología del merecimiento robusta, estable, saludable y consistente.

Y tal y como sucede con los elementos que caracterizan a la psicología positiva, podemos practicar estrategias para fortalecer, estabilizar y acrecentar los grados de la psicología del merecimiento que poseemos y exhibimos en nuestra personalidad y en las actividades diarias de la vida.

Ejercicio # 1

Mantén un diario de gratitud en donde escriba cada día tres (3) cosas por las que estás agradecida/o.

Ejercicio # 2

Una práctica excelente es el ho'oponopono: Expresar dentro de ti de forma natural: -

"Muchas gracias". "Te amo".
"Lo siento mucho".

"Perdóname".

Piénsalo bien

¿Cómo y qué tanto mejoraría tu vida actual si enfocas parte de tus recursos a incrementar y fortalecer los grados de tu psicología del merecimiento?

Piensa en un área específica de tu vida que se beneficiaría si tú pudieras expresar una psicología del merecimiento más robusta, saludable, estable y consistente en tu vivir cotidiano.

En esa área de tu vida, ¿qué crees merecer y poseer?

Descríbelo en tu diario con detalles y luego dedicas tiempo para reflexionar en tu escrito.

¿Cómo cambiaría tu vida si tú expresaras ahora esos niveles de psicología del merecimiento?

El arte de merecer

Merezco ser una persona más positiva y optimista.

Merezco aprender a observar el vaso de la vida medio lleno aún en situaciones y circunstancias adversas.

Merezco saber retar "la negatividad natural de mi cerebro" que es parte de él desde siglos para ayudarme a sobrevivir en medio de los peligros y amenazas externas.

Merezco que los elementos de la psicología positiva invadan las conexiones neuronales de mi cerebro de forma constante y sistemática.

Merezco que mi cerebro produzca más hormonas o neurotransmisores de la felicidad que me permitan ser una persona predominantemente feliz.

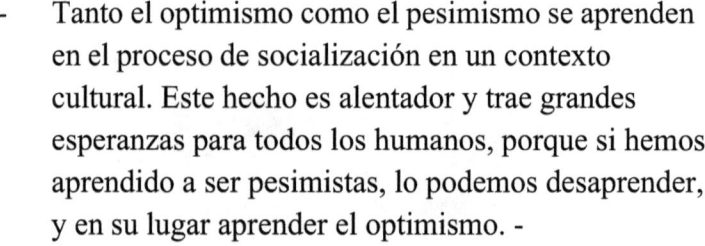

- Tanto el optimismo como el pesimismo se aprenden en el proceso de socialización en un contexto cultural. Este hecho es alentador y trae grandes esperanzas para todos los humanos, porque si hemos aprendido a ser pesimistas, lo podemos desaprender, y en su lugar aprender el optimismo. -

CAPÍTULO 8

La psicología del merecimiento Vs. el pesimismo y el optimismo.

Historia corta

Esa mañana el sol brillaba como si hubiese recién salido de la fábrica.

Ferno jugaba debajo de la mata grande de coco sembrada por la abuela en su juventud. Debajo de sus sombras, ella reunía a sus gallinas para alimentarlas al mismo tiempo que alzaba sus faldas y abría sus piernas para orinar.

Ese día, Ferno tuvo una experiencia mágica y fascinante que atesoró en sus memorias para siempre.

Cuando Ferno se disponía a cruzar la empalizada para sentarse debajo de las matas frondosas de cacao, sus ojos observaron un milagro natural incomprensible para un niño analfabeto.

Reposando en uno de los alambres de la empalizada, una mariposa experimentaba en vivo su metamorfosis natural.

Los ojos de Ferno se posaron en vilo sobre ese fenómeno maravilloso que paso a paso y lentamente, creaba una nueva vida como si fuera un acto mágico.

En unos minutos, una mariposa salió viva del capuchón aparentemente inerte, levantó sus alas recién fabricadas, y alzó su vuelo jugando con la
brisa.

La psicología del merecimiento vs el pesimismo y el optimismo.

Ahora sabemos, debido a los experimentos realizados por el Dr. Martín Seligman, que tanto el optimismo como el pesimismo son conductas aprendidas.

Hay un aspecto del pesimismo que es consustancial al cerebro por medio del cual él protegía y preservaba la supervivencia humana. Es decir, el cerebro estaba en alerta constante preparado para lo peor que pudiera ocurrir y listo para protegerse.

Esa parte del pesimismo sigue grabada en los cerebros humanos hoy día, pero en la mayoría de las sociedades modernas de hoy no necesita ser activada constantemente como un medio para sobrevivir.

Durante la niñez en el proceso del desarrollo humano se aprende a tener y a expresar pensamientos, emociones y conductas pesimistas.

Esta tendencia pesimista se puede revertir y sustituirla por una tendencia conductual optimista.

Podemos aprender a pensar, sentir y actuar con optimismo en el diario vivir de la vida practicando algunas estrategias, como son:

1. Estar consciente de nuestros pensamientos: nosotros podemos aprender a tranquilizar y aquietar el ruido que ellos producen en nuestros cerebros mediante prácticas como el mindfulness o la atención plena. Existen estudios que indican que la práctica

consistente del mindfulness es efectiva para esta y otras conductas humanas.

2. Practicar la inteligencia emocional: podemos aprender a gestionar todas las emociones humanas saludablemente mediante la utilización de técnicas y estrategias desarrolladas

   por la psicología positiva, como son la práctica consistente de la gratitud y la actitud mental positiva.

3. Expresar conductas para el bienestar: todas las conductas humanas tienen el objetivo de hacer catarsis en el cuerpo y lo logran siempre con resultados positivos o negativos. Podemos practicar el auto bienestar psicoemocional conscientemente gestionando nuestras emociones con inteligencia.

Ejercicio # 1

Empieza a practicar el hábito de tomar una fotografía a tus pensamientos, emociones y conductas pesimistas, romper esa fotografía, y reemplazarla por otra fotografía con tus pensamientos, emociones y conductas optimistas.

Esta práctica crea nuevas carreteras en las conexiones neuronales de nuestros cerebros transformándonos poco a poco en personas más positivas y optimistas.

Ejercicio # 2

Práctica poderosa para hoy: pararte frente al espejo, decirte algo agradable a ti mismo y sonreír.

Piénsalo bien

Se necesita poseer y emplear los mismos recursos energéticos para percibir el vaso de la vida medio lleno o medio vacío.

Pero los resultados para el cuerpo humano serán completamente diferentes dependiendo de la percepción que una persona utilice consistentemente.

Los beneficios del optimismo para el cuerpo humano y su salud psicoemocional y física están ampliamente documentados por la ciencia.

Los beneficios de utilizar tus recursos energéticos para transformarte en una persona positiva y optimista son incalculables.

El arte de merecer

Merezco creer en mi potencial humano para el bienestar. Merezco creer y practicar la bondad conmigo mismo y los demás. Merezco percibir y enfocarme en los lados positivos de la vida.
Merezco nutrir mi cerebro de informaciones positivas y

optimistas. Merezco aprender a pensar pensamientos positivos y optimistas de forma consistente.

Merezco rodearme e interactuar con personas positivas y optimistas mayoritariamente.

Merezco dedicarme a promover las áreas positivas de la vida.

Merezco enfocarme en el bien, la compasión, la ternura, la amabilidad, la cortesía y todas las emociones humanas que promueven el bienestar.

- Vivir y actuar con un EGO alto y vanidoso no es lo mismo que poseer, vivir y actuar con una psicología del merecimiento con niveles robustos, estables, saludables, consistentes y satisfactorios. El EGO alto y vanidoso proviene del orgullo y las vanidades humanas, la psicología del merecimiento con niveles robustos, estables,

saludables, consistentes y satisfactorios emanan del balance y la armonía psicoemocionales de sus poseedores. -

CAPÍTULO 9

La psicología del merecimiento y el EGO.

Historia corta

Juliana cumple 50 años de edad hoy y se siente feliz y agradecida.

Cuando se acicalaba frente al espejo para salir a su oficina para ejercer su profesión de abogada, notó una pequeña mancha negra en su pómulo derecho.

"Carajo, estoy envejeciendo" se dijo en voz alta.

Decidió ponerse unas ropas nuevas que había comprado para regalársela ella misma el día de su cumpleaños.

Se sentó en la cama y empezó a ponerse el pantalón nuevo, pero se percató de que no le cabía en su cintura.

"He engordado como una vaca" pensó, y olvidó la idea de vestirse con ropas nuevas.

Mientras desayuna reflexiona un poco en sus 50 años cumplidos.

No se había casado y ni siquiera había tenido un novio. Tampoco tenía amigas o amigos y vivía acompañada de dos gatos y un perro.

"Estoy segura que soy la única mujer de 50 años de edad virgen en esta ciudad" reflexionó para sí misma mientras salía apresurada de la casa.

Al manejar su carro fuera del garaje de su casa, un vecino la saludó con una sonrisa que ella devolvió.

Cuando Juliana llegó a su oficina se envió un mensaje recordatorio a su celular:

"Comprarme un nuevo vibrador al salir de la oficina antes de regresar a casa hoy".

La psicología del merecimiento y el EGO

¿Qué es el EGO?

En psicología, el ego es la parte de la mente humana que actúa como mediadora entre el consciente y el inconsciente, y que es responsable de probar la "realidad externa" y dar a las personas una sensación de identidad personal.

El ego establece un balance entre nuestros deseos (el id freudiano), algunos de los cuales se oponen a las normas sociales, y la moral social (el superego freudiano) aceptada por la mayoría en una sociedad. El ego nos ayuda además a comportarnos como seres conscientes, a resolver problemas y adaptarnos a la "realidad".

1. El ego es un mediador entre los deseos instintivos del id y las demandas morales del superego.
2. El ego nos ayuda a entender la realidad externa, la relación entre causa y efecto y a tomar decisiones racionales.
3. El ego nos ayuda a entender nuestro lugar en el

mundo dándonos identidad propia y un sentido de conciencia personal.

4. El ego se desarrolla desde el id o deseos e instintos primarios y es influenciado por varios factores, que incluyen el desarrollo infantil y las normas e interacciones culturales.

Un ego muy fuerte puede dar lugar al narcisismo, mientras un ego débil puede originar inseguridad y una autoestima débil y pobre.

El Dr. Wayne Dyer definía el EGO muy fuerte como "Edging God Out" (EGO). Es decir, las personas que se creen todopoderosas y se olvidan de que son seres humanos.

El EGO y la psicología del merecimiento

El estado del ego en cada ser humano es un factor importante para desarrollar y practicar la psicología del merecimiento.

Las personas con un ego muy pobre, o los "pobres en espíritu" como las denominó el Señor Jesucristo, generalmente poseen una psicología del merecimiento débil, pobre, inestable, no saludable e inconsistente.

Estas personas aceptan "con humildad todas las cosas que la vida les traiga en sus caminos", y viven sus vidas sin trazarse metas motivadoras para lograr la superación personal.

Por otro lado, las personas con un ego muy fuerte generalmente se tornan narcisistas, y viven para sí mismas sin mostrar empatía por sus conciudadanos en el trayecto de la vida.

La clave es poseer un ego equilibrado que cuide y proteja la propia vida con respeto, y que muestre empatía saludable por los demás.

Las personas con un ego equilibrado desarrollan y practican una psicología del merecimiento equilibrada, robusta, estable, saludable y consistente que permite que ellas se cuiden, protejan y vivan una vida psicoemocional y socioculturalmente saludable.

Ejercicio # 1

Durante una semana evalúa conscientemente las cosas agradables y positivas que haces por ti mismo y las que tú haces por las personas cercanas a ti.

¿Muestran ellas que tú posees un ego equilibrado?

Pregúntale a amigos cercanos sobre este tema y escucha sus respuestas.

Ejercicio # 2

¿Puede una persona poseer un carácter amable, agradable y positivo al mismo tiempo que tiene y exhibe una psicología del merecimiento robusta, estable, saludable y consistente?

Plantea esta pregunta dentro de un grupo de amigos cercanos.

Piénsalo bien

La psicología de la complacencia y la psicología del merecimiento se encuentran en polos opuestos como manifestaciones de los rasgos de la personalidad.

No es posible ser tú mismo y poseer y expresar una autoestima robusta, alta, estable, saludable y consistente, y al mismo tiempo tratar de complacer a todos a tu alrededor (ser un "people pleaser").

Poseer una carácter agradable, amable y positivo no es lo mismo que ser una persona que siempre desee complacer a los demás (people pleaser), pagando un precio negativo a sus estados de felicidad. Una persona excesivamente complaciente o people pleaser tiene serias dificultades para decir "No" cuando la respuesta correcta es "No", y decir "Si" cuando la respuesta correcta es "Si".

Poseer una psicología del merecimiento robusta, saludable, estable y consistente permite expresar rasgos de un carácter agradable y amable, al mismo tiempo que la persona sabe cómo establecer y mantener límites saludables entre sí y las expectativas y demandas de los demás.

La psicología del merecimiento nos transforma en personas especialistas en saber poner límites sanos para cuidar de nosotros, al mismo tiempo que gestionamos la satisfacción de nuestras necesidades y las metas que son importantes para nuestro proyecto de vida.

El arte de merecer

Merezco poseer y expresar un EGO balanceado y equilibrado que me permita expresar mi identidad real.
Merezco aprender a establecer límites saludables dentro de todas mis interacciones con otros.
Merezco disfrutar de relaciones humanas saludables que enriquezcan las vidas de todos sus participantes.
Merezco saber y poder decir "no" en cada ocasión cuando esa es la respuesta correcta para mí sin sentirme culpable.
Merezco elegir a mis amistades más íntimas de acuerdo a mis propios criterios y expectativas.
Merezco poder mostrar hacia afuera la persona que realmente soy dentro de mí, y que las personas que me aprecian me acepten sin poner condiciones desventajosas para mi propio bienestar.

- Las personas realmente exitosas saben y practican cosas que las personas con pocos éxitos no saben ni practican. Esos conocimientos y prácticas son las que marcan las grandes diferencias sociales que se notan entre estos dos tipos de seres humanos. -

CAPÍTULO 10

La psicología del merecimiento y los logros o éxitos en la vida.

Historia corta

Martín había deseado ser médico desde niño. Nadie en su familia cercana había estudiado esa profesión y sus padres tenían algunas dudas de que ese era el camino profesional apropiado para su hijo.

"Hijo, proponte ser un maestro como tus tías y tíos" le repetía su madre Dominga cada vez que hablaban sobre el tema.

"No madre, yo seré el primer médico de esta familia" respondía Martín con firmeza y autoconfianza.

Martín era un estudiante excelente y dedicado cuyas calificaciones lo colocaban entre los diez primeros estudiantes de sus clases.

Al graduarse de la secundaria con notas excelentes, Martín solo obtuvo media beca para entrar a estudiar medicina en la universidad que lo aceptó.

"Hijo, no tenemos suficiente dinero para pagarte los estudios de medicina" le dijeron sus padres al graduarse de la secundaria.

"Padres, estén tranquilos, porque yo trabajaré para pagar el resto de mis estudios de medicina" contestó Martín.

Fue una tarea difícil para Martín trabajar y estudiar medicina, pero su meta de ser el primer médico de la familia la tenía grabada en su cerebro de forma indeleble.

Por siete años Martín estudió medicina y trabajó en diversos trabajos.

El día de su graduación, Martín llamó a sus padres al frente, los abrazó y entregó su título de médico.

"Ahora soy el primer médico de esta familia" dijo a todos los presentes.

La psicología del merecimiento y los logros o en éxitos en la vida Definición de éxito

La palabra éxito se origina del latín "exitus", que significa salida o fin. Se
refiere a un resultado o logro positivo de una acción o proyecto emprendido. La implicación de la palabra es que la persona sale victoriosa porque logra o alcanza la meta que se ha propuesto. El significado de la palabra también se refiere a la sensación de felicidad y bienestar que la persona experimenta cuando logra sus objetivos y metas propuestas. La idea central de la palabra es encontrar la salida (exit en inglés) o solución para una situación o problema.

En inglés se encuentra la palabra "success" que se traduce como éxito en español. El término "success" también se deriva del latín "successus" que significa obtener un buen resultado o un final feliz. La idea central de la palabra es proponerse una meta y seguirla o completarla hasta obtener un resultado positivo y feliz.

Existen diversas formas y tipos de resultados exitosos y todas las formas de vida parecen dirigirse a obtener resultados exitosos al final.

La esperma fecunda al óvulo para al final obtener un resultado: la creación de una nueva vida. Todas las acciones de la vida están orientadas a la obtención de resultados positivos al final del proceso.

Los seres humanos se proponen objetivos y metas de diversos matices y formas, y al final valoran obtener resultados positivos como una manera

intrínseca de sentirse satisfechos y felices.

Para un ser humano vivir toda la vida sin obtener ninguna forma de éxito sería un resultado final catastrófico.

Lograr éxitos y sentirse exitoso en medio de muchos "fracasos" es un componente vital al hecho de ser y vivir como un ser humano. Para los seres humanos, sin la sensación de poseer y lograr algunas formas de éxitos personales y sociales, vivir la vida humana pierde sentido y solo quedaría el resultado final de la muerte.
.

1. El éxito y el fracaso son conceptos relativos, no absolutos

Digamos de primera que no existe el éxito sin el fracaso,

porque ambos elementos de la vida cantan al unísono y transitan juntos en la misma dirección. En la consecución de metas propuestas, el camino del éxito de dichas metas está salpicado por "fracasos" que indican que es necesario hacer algunos ajustes a las metas. Hacer ajustes a las metas propuestas es un componente importante de la obtención de las metas al final del trayecto, y no significa que las metas han fracaso.

Todas las formas de éxito se crean y expresan de la misma manera que se expresan los diversos tipos de arte: éxitos y "fracasos", "fracasos" y éxitos, en una danza parabólica infinita de ensayo y error,

2. Los logros o éxitos no solamente deben beneficiar a las personas exitosas, sino que al mismo tiempo deben beneficiar a la humanidad

Las personas realmente exitosas en algunas áreas de la vida lo son porque con sus éxitos expanden y honran la vida y a la humanidad.

Albert Einstein es una persona exitosa porque utilizó su genio para el beneficio de toda la humanidad presente y futura.

Thomas Edison logró éxitos con la electricidad después de muchos fracasos, y sus invenciones siguen beneficiando a toda la humanidad.

Bill Gates y Steve Jobs son seres humanos exitosos porque utilizaron sus talentos para crear cosas que benefician a la humanidad.

3. Se dice que la vida de un ser humano no está completa hasta que "siembra un árbol, escribe un libro y tiene un hijo"

En lo personal creo que esta frase es una exageración, pero ella contiene alguna forma de verdad filosófica.

Para los seres humanos el "fracaso" total de vida es una probabilidad inaceptable. La mayoría de las personas que experimentan la sensación constante de ser personas "totalmente fracasadas en la vida" tarde o temprano deciden "tirar sus vidas por la borda". La sensación de tener alguna forma de éxito en la vida diaria es consustancial al hecho de ser humano, y cuando esa sensación desaparece completamente la persona se queda sin recursos para seguir viviendo como un ser humano.

En este punto entra la psicología del merecimiento que es un componente intrínseco a la esencia humana como parte de la personalidad en los rasgos de la identidad y de la autoestima.

Cada ser humano consciente sabe que merece vivir con éxitos suficientes como para que su vida tenga sentido y propósito.

Cada ser humano entiende que debe proponerse metas para cumplir y realizar porque ellas traen satisfacciones placenteras a la vida.

Cada ser humano comprende que merece vivir una vida con ciertos grados de felicidad personal y social.

Cada ser humano procura satisfacer y cumplir los niveles de su psicología del merecimiento para vivir la vida al mismo nivel de su autoestima, porque de lo contrario, la vida diaria pierde sentido y propósito.

La psicología del merecimiento y los logros o éxitos de las personas están estrechamente vinculados.

Cuando una persona evalúa sus logros o éxitos personales y sociales, ejecuta dicha evaluación en base a los niveles de su psicología del merecimiento conectada a los grados de su autoestima.

Las personas solo pueden crear la cantidad y calidad de éxitos personales y sociales que ellas creen merecer.

Las personas establecen sus estándares de éxitos personales y sociales a partir de los niveles de la psicología del merecimiento que poseen.

Ejercicio # 1

Dedícate 30 minutos solo para ti sin ninguna distracción externa.

En tu diario, un cuaderno o hoja en blanco de papel, iPad, app para diario en audiovisual, dibujo o mensaje de voz, escribe 5 metas importantes para ti que ya han sido totalmente completadas.

¿Cuáles sensaciones sientes en tu cuerpo mientras piensas en esas metas importantes que ya completaste?

Disfruta la experiencia y el bienestar psicoemocional que sientes en tu cuerpo mientras ejecutas este ejercicio.

Ejercicio # 2

En una reunión casual con tus amigos más íntimos trae este mismo ejercicio para que ellos también disfruten de la experiencia.

Piénsalo bien

Para un ser humano no es posible vivir una vida totalmente "fracasada", porque ningún ser humano soportaría esa sensación durante todo el transcurso de su visa.
El "fracaso" es un componente vital de los trayectos del éxito. Cuando ellos aparecen están indicando que es necesario realizar algunos ajustes a las metas propuestas.

La creación y realización de metas es como la ejecución de una obra de arte que incluye "fracasos" o ajustes en el trayecto hasta completar dichas metas exitosamente según lo propuesto en el bosquejo original.

La psicología del merecimiento nos invita a percibir, honrar, aceptar y a tratar a los "fracasos" en el trayecto de la consecución de nuestras metas no como si ellos fueran obstáculos, sino, como guías que nos señalan e indican las formas y los pasos apropiados que debemos dar para afilar y afinar nuestras metas en el proceso creativo de lograrlas.

La psicología del merecimiento es el motivador interno más poderoso que cada ser humano posee dentro de sí mismo.

El arte de merecer

Merezco entender el "fracaso" como un componente importante que forma parte de mi proyecto de vida, y la psicología del merecimiento me ayuda a comprender esta verdad poderosa.

Merezco aprender y practicar consistentemente el axioma planteado en este libro que dice que, la psicología del merecimiento es el motivador interno más poderoso que cada ser humano posee dentro de sí mismo.

Merezco avivar y reforzar esta verdad cada día al despertar en las mañanas.

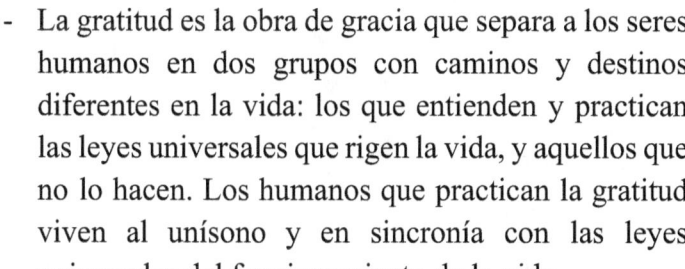

- La gratitud es la obra de gracia que separa a los seres humanos en dos grupos con caminos y destinos diferentes en la vida: los que entienden y practican las leyes universales que rigen la vida, y aquellos que no lo hacen. Los humanos que practican la gratitud viven al unísono y en sincronía con las leyes universales del funcionamiento de la vida.

CAPÍTULO 11

La psicología del merecimiento y la gratitud.

Historia corta

Cuando Raymundo se despertó este sábado en la mañana notó que los rayos del sol penetraban a través de la ventana y posaban exactamente sobre su cuerpo soñoliento aún.

Se deshizo de las últimas asperezas de sus sueños nocturnos, despegó las sábanas de su cuerpo y se sentó al borde de la cama. Entonces se percató que unos rayos solares apacibles cubrían su rostro como si quisieran jugar al escondite.

Una profunda sensación de gratitud invadió las conexiones neuronales de su cerebro un poco adormilado, y una sonrisa placentera bañada de dopamina poseyó su cara.

Raymundo empezó su día poseído de la emoción de gratitud que cubría su cuerpo desde las plantas de sus pies y hasta la corona de su cabeza.

"Mi vida es bella" pensó para sí mismo mientras sonreía.

Se puso de pie y comenzó su día musitando la Quinta Sinfonía de Beethoven mientras su cerebro produce las hormonas o neurotransmisores de la felicidad a borbotones.

La psicología del merecimiento y la gratitud.

La gratitud se define como un proceso de dos pasos:

Paso #1. Es reconocer los resultados positivos que ocurren la vida; Paso #2. Es admitir y honrar que una fuente externa origina dichos resultados.

Las investigaciones indican que practicar gratitud por quince minutos, cinco días por semana al menos por seis semanas produce varios efectos positivos a sus practicantes, entre estos:

1. Fortalece la salud emocional y una perspectiva positiva para el cambio.
2. Promueve la salud física.
3. Aumenta la sensación de felicidad interior.
4. Reduce los síntomas de la depresión y la ansiedad.
5. Mejora la calidad del sueño.
6. Incrementa las conexiones sociales positivas y los comportamientos generosos.

¿Cómo y por qué la práctica consistente de la gratitud produce estos efectos positivos en sus practicantes?

1. Porque la gratitud posee el poder de re cablear las zonas neuronales del cerebro humano, debido al hecho de que la persona se enfoca en aspectos positivos de la vida al practicar gratitud.

2. La práctica consistente de la gratitud activa zonas del cerebro ligadas a la toma de decisiones, la regulación positiva de las emociones y la empatía, lo que produce cambios conductuales positivos

Mantener un diario de gratitud se reporta como un elemento poderoso para obtener los resultados descritos en los párrafos anteriores.

La gratitud puede ser una práctica individual, pero también puede practicarse en grupos, como puede ser en centros educativos, médicos, empresariales, religiosos, comunitarios y otros.

Algunos investigadores y expertos prominentes del tema de la gratitud son:

1. El Dr. Robert E. Emmons, profesor de psicología en la Universidad de California, ha estudiado los efectos de la gratitud para reducir el estrés laboral, la resiliencia y la longevidad. Al Dr. Emmons se le denomina "el padre de la gratitud".
2. El Dr. Michael E, McCullough, profesor de la Universidad de Miami. Junto al Dr. Emmons han estudiado cómo la práctica consistente de la gratitud aumenta el optimismo, mejora la salud física, incluyendo menos visitas a los doctores, y promueve ejercitarse más frecuentemente. Ellos desarrollaron un cuestionario de gratitud (GQ-6) para medir la gratitud disposicional.
3. El Dr. Martin E.P. Seligman, un psicólogo famoso de la Universidad de Pennsylvania y fundador de la

psicología positiva. Sus investigaciones señalan que la práctica consistente de la gratitud aumenta la felicidad y la salud psicoemocional.

4. Las doctoras Sara Schnitker y Jo-Ann Tsang de la Universidad de Baylor. Ellas han investigado cómo la práctica consistente de la gratitud beneficia el bienestar mental, emocional y espiritual, además de mejorar la empatía.
5. El Dr. Glenn Fox, quien ha desarrollado y practicado su propio diario de gratitud. El Dr. Fox es un neurocientífico que ha estudiado la respuesta del cerebro humano a la gratitud.
6. El Dr. Robert Trivers, ha estudiado la gratitud en relación a la práctica de actos altruistas hacia otras personas.
7. Los doctores Joshua Brown y Joel Wong, de la Universidad de Indiana, han estudiado cómo la práctica de la gratitud cambia el cerebro humano.

La práctica consistente de la gratitud es un instrumento indispensable para el disfrute pleno de bienestar psicoemocional y físico. Los estudios científicos de la gratitud nos proveen de recursos valiosos conectados a la gratitud. Los efectos positivos de la gratitud en el cerebro humano está bien documentado por la ciencia actual.

La psicología del merecimiento y la gratitud

No podemos disfrutar de todos los beneficios de la práctica consistente de la gratitud sin la participación proactiva de la psicología del merecimiento.

La persona que practica la gratitud necesita poseer niveles saludables y efectivos de su psicología del merecimiento para poder obtener y recibir en su vida los beneficios que la gratitud ofrece a sus practicantes asiduos.

La persona necesita creer merecer y ser merecedora antes de empezar a practicar la gratitud consistentemente. Si una persona no se cree merecedora la práctica de la gratitud no tiene sentido para ella.

Ejercicio # 1

En tu diario de gratitud escribe, graba, dibuja ocres un vídeo de tres cosas por las que estás agradecido hoy.

Ejercicio # 2

En tu diario de gratitud escribe, graba, dibuja o crea un vídeo de tres cosas por las que estás agradecida cada día por 30 días consecutivos.

Luego de 30 días, evalúa los resultados positivos que se han agregado a tu vida.

Piénsalo bien

La mayoría de las prácticas consistentes de gratitud que podemos realizar diariamente son gratis o de bajo precio.

Para practicar gratitud cada momento y circunstancia de la vida, solamente tenemos que ser conscientes de las oportunidades que el vivir cotidiano nos ofrece.

La posesión y la práctica consistente de las siguientes cualidades facilita este proceso:

1. Poseer y permitirnos expresar pensamientos de gratitud: por ejemplo, puedo expresar que, "por hoy, puedo utilizar mis cinco sentidos para disfrutar de la vida".
2. Honrar y mostrar emociones de gratitud: por ejemplo, al despertar puedo decir que, "hoy, me siento feliz y satisfecho con mi vida".
3. Actuar y exhibir conductas de gratitud: por ejemplo, puedo prometer y practicar que, "durante el día de hoy, voy a saludar con una sonrisa a las personas con quienes tenga contactos sociales".

El arte de merecer

Merezco aprender y practicar la gratitud en mi diario vivir.

Merezco empezar desde este momento un diario de gratitud detallando tres cosas por las que estoy agradecida cada día.

Merezco hacer de la gratitud un acto psicoterapéutico que sea parte vital de mis hábitos diarios.

Merezco disfrutar de todos los beneficios positivos que la práctica consistente de la gratitud produce en mi cerebro.

Merezco disfrutar de los beneficios maravillosos que la práctica consistente de la gratitud trae a sus practicantes.

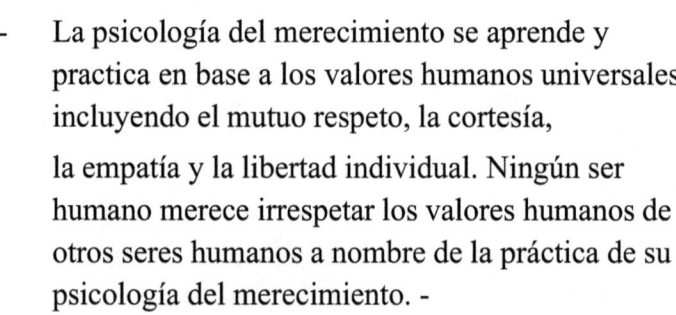

- La psicología del merecimiento se aprende y practica en base a los valores humanos universales incluyendo el mutuo respeto, la cortesía,

 la empatía y la libertad individual. Ningún ser humano merece irrespetar los valores humanos de otros seres humanos a nombre de la práctica de su psicología del merecimiento. -

CAPÍTULO 12

La psicología del merecimiento y los valores humanos.

Historia corta

Darío amaba la naturaleza y a los animales desde su niñez. Sus padres biológicos, Eliza y Carlos, compraron una finca que se extendía por muchos kilómetros a través de todos sus alrededores y construyeron la casa de sus sueños exactamente en el medio de la propiedad antes de casarse y decidir formar una familia.

"Traeremos a nuestros dos hijos al mundo para enseñarlos a amarse a sí mismos, a la naturaleza y a los animales" se prometieron ellos al descubrir que se amaban y deseaban disfrutar de sus vidas juntos.

En la casa de Eliza y Carlos había cinco perros, tres gatos, varios caballos, vacas, y varios otros tipos de animales. Construyeron un jardín paradisíaco para las aves con árboles apropiados, nidos y diversas clases de atractivos para que las aves se sintieran cómodas y seguras, y docenas de ellas hicieron de este jardín su casa para vivir.

Eliza y Carlos crearon un paraíso para vivir en armonía y sincronía con la naturaleza, los animales y las aves antes de procrear los dos hijos que decidieron traer a la humanidad.

Su hijo primogénito fue Darío, un niño que era idéntico a

su padre fenotípicamente, pero con todos los rasgos de la personalidad de su madre incluyendo gustos y preferencias.

Tres años después del nacimiento de Darío nació su hermana Antonia, una niña que desde su infancia mostraba rasgos de genio. Desde los cinco años de edad Antonia decidió que sería veterinaria y a esa profesión dedicó su vida entera.

Darío, por otro lado, se hizo biólogo e ingeniero ambiental.

Cuando los padres de Darío y Antonia abandonaron esta vida física ellos estaban profundamente agradecidos del legado dejado por sus padres.

"Somos seres privilegiados al haber tenido padres biológicos como ellos" se repetían constantemente durante sus conversaciones.

La psicología del merecimiento y los valores humanos.

Una definición de los valores humanos fundamentales.

los valores humanos son los principios y creencias fundamentales que guían las elecciones, decisiones y las conductas de los individuos y de la sociedad, para por medio de ellos compartir lo que se percibe importante. Hay valores éticos, morales y de preferencias personales, pero ellos poseen el poder para guiar las interacciones y las decisiones de las personas y las sociedades.

Los valores humanos actúan como un compás moral que influye en las decisiones diarias de las personas.

Algunos ejemplos de valores humanos comunes son el respeto, la honestidad, la bondad, la lealtad, la empatía y la integridad. Compartir e interactuar en base a estos valores humanos tiene un impacto positivo en la sociedad porque esto contribuye a una vida social más armónica, cooperativa, pacífica y justa.

Hay valores personales, sociales y culturales, pero todos ellos representan lo que es positivo y deseable para que el individuo y la sociedad florezcan en bienestar para todos.

1. Los valores reales de una persona no son los que ella expresa con su boca poseer, sino, los valores que ella practica en su diario vivir.

   Por ejemplo, una persona puede decir que cree en la honestidad pero vivir una vida diaria deshonesta. Los valores reales de una persona son aquellos que ella le da prioridad en su vivir cotidiano y que practica como una guía fundamental de su vida.

   Por ejemplo, si la persona cree en el valor de la integridad, ella se mostrará como una persona íntegra en sus relaciones e interacciones con los demás sin que importen las situaciones y circunstancias que la rodeen.

2. Los valores reales de una persona son los sellos visibles de sus creencias más importantes y significativas.

Las creencias de las personas se visten de y con los valores que ellas poseen. Podemos saber claramente cuáles son las creencias de las personas observando los valores que practican en su vivir cotidiano.

3. Los valores y la psicología del merecimiento están estrechamente relacionados, y ambos se exhiben mutuamente en las conductas cotidianas de las personas.

Los valores que una persona muestra hacia afuera son aquellos que ella percibe y cree merecer.

Si una persona cree merecer el valor del respeto para ella misma y para los demás, el valor del respeto se hará dominante en sus conductas cotidianas.

Los valores dominantes que una persona exhibe hacia fuera de ella son los mismos valores que son componentes dominantes de su psicología del merecimiento.

Ejercicio # 1

En tu diario, puedes escribir una lista de los valores más importantes y significativos que te definen como persona y relacionarlos con tu psicología del merecimiento.

Piénsalo bien

Los valores reales y más importantes y significativos que poseemos no son los que expresamos con la boca, sino, los valores que practicamos en nuestras conductas cotidianas.

Los valores que poseemos están intrínsecamente conectados a los niveles de la psicología del merecimiento que tenemos y expresamos en nuestro vivir diario.

Solamente podemos expresar y vivir los valores que creemos merecer, porque lo que no se merece se ignora y/o desconoce.

Cada valor que expresamos de forma dominante en nuestro vivir cotidiano, es un valor que creemos merecer tanto para nosotros mismos como para los demás.

Si creo que merezco el valor del respeto, este valor se hará dominante en mis conductas cotidianas.

Lo opuesto se exhibirá también en mi diario vivir, y si no creo merecer el valor del respeto, este valor no será dominante ni para mí mismo ni tampoco para los demás.

El arte de merecer

Merezco vivir y expresar los valores predominantes en los que creo en mis conductas diarias.
Merezco vivir mi vida basada en los valores que son realmente importantes para mí.
Merezco relacionarme con las personas que practican los mismos valores en los que creo.

Merezco reforzar y promover los valores de la honestidad, la gratitud, la cortesía, la amabilidad, la integridad, la paz y el amor.

- Muchos millones de seres humanos creen y hablan del sexo y del género como si ambos conceptos se refirieran a la misma realidad social. Sexo es lo que cada ser humano es: un ser sexuado como masculino, femenino o bisexual en algunos casos. El sexo es una condición biológica que se posee desde antes del nacimiento. El género por otro lado, son atribuciones o papeles sociales que se asignan a los sexos en función de parámetros y creencias que se practican en las sociedades y las culturas humanas. -

CAPÍTULO 13

La psicología del merecimiento y las diferencias de sexo y de género.

Historia corta

Daniela y Javier se criaron con su madre soltera debido a que su padre biológico abandonó el hogar y a su madre cuando Daniela tenía un año de edad y Javier 3 años.

Desde el abandono del padre biológico de sus hijos, Luz tomó la decisión de criarlos por ella misma y de no introducirlos a un padre extraño. Ella ejercía varios trabajos dentro de su profesión de enfermera para cubrir todos los gastos financieros que sus hijos requerían, pero no podía dedicar el tiempo suficiente para responder a todas sus preguntas mientras crecían y maduraban.

Un día de sábado mientras cenaban juntos, Javier un adolescente de 15 y su hermana de 13 decidieron conversar con su madre sobre algunos temas que les preocupaban.

"Madre, eres enfermera y podrías tener una mejor respuesta para esta pregunta que las respuestas que he recibido hasta ahora" dijo Daniela.

"Adelante hija, ¿cuál es tu pregunta?" respondió la madre con entusiasmo. "¿Existe alguna diferencia entre el sexo y el género?" Preguntó Daniela.

La madre recordó algunos de sus conocimientos sobre la sexualidad humana y empezó a explicar las diferencias básicas entre el sexo y el género.

"El sexo es nuestra condición biológica como seres humanos sexuados que somos desde antes del nacimiento. Daniela y yo somos del sexo femenino y poseemos vaginas y vulvas como nuestros órganos genitales primarios" explicó la madre.

"Y yo soy del sexo masculino y poseo pene, escroto y testículos entre otras partes de mis órganos sexuales masculinos" interrumpió Javier.

"Eso es correcto hijo" observó la madre.

"Eso es nuestro sexo, pero, ¿qué es el género?" preguntó Javier.

"El género está representado culturalmente por los papeles sociales que se nos asignan en la sociedad debido a nuestros sexos. Por ejemplo, Javier, tú crees que tu hermana debe cocinar, fregar y limpiar la casa porque ella es una mujer. Además, siempre que toman mi carro prestado quien lo maneja eres tú ", aseveró la madre.

"Madre, mi hermana no tiene licencia para conducir todavía" argumentó Javier.

"Esos solamente son papeles sociales que se supone una mujer realiza por pertenecer al sexo femenino. En tu caso Javier, tú vas a hacerte ingeniero, mientras esperas que tu hermana sea una enfermera como su madre" refirió la madre finalmente.

La psicología del merecimiento y las diferencias de sexo y de género

Definiciones

Ya sabemos que el sexo es la condición biológica con la que nacemos, que puede ser femenino, masculino o bisexual. El género por otro lado, son papales culturales que se asignan a los sexos debido a creencias aprendidas que señalan cómo los sexos deberían comportarse en la sociedad.

En el libro que escribí con Jenifer M. Vanderhorst como coautora, "Sexo es lo que somos, no lo que hacemos (la sexualidad científica en el mundo de hoy)", explico estos conceptos con más detalles.

En muchas culturas el sexo femenino y el seco masculino se crían con valores diferentes que marcan y matizan los rasgos de la personalidad de ambos, incluyendo la identidad y la autoestima.

Los lectores que han leído este libro hasta aquí saben que la identidad y la autoestima son rasgos vitales de la personalidad humana. Y entienden además la relación intrínseca que existe entre la autoestima de una persona y su psicología del merecimiento.

Si un sexo, debido a valores culturales de género, se educa con creencias infravaloradas que afectan su autoestima, su psicología del merecimiento se afecta de forma automática y viceversa.

La psicología del merecimiento, el sexo y el género

¿Cuáles de los sexos tienen la mayor oportunidad de desarrollar y exhibir una psicología del merecimiento robusta, saludable, estable y consistente?

En muchas culturas las imposiciones de papeles debido al género limitan las capacidades de los sexos para desarrollar y expandir al máximo su psicología del merecimiento. Y cuando esto sucede en desventaja de uno de los sexos, los dos sexos se afectan mutua y negativamente.

Por ejemplo, un sexo femenino con una autoestima disminuida e infravalorada afecta negativamente al sexo masculino, aunque este no sufra de esa situación específica.

Los sexos se enriquecen mutuamente cuando ambos tienen las mismas oportunidades psicoemocionales y socioculturales de desarrollar y de exhibir una psicología del merecimiento robusta, saludable, estable y consistente.

Ejercicio # 1

Reflexión: en tu diario, escribe una corta reflexión sobre cómo tu crianza y tu educación, debido a tu sexo, afectaron y todavía afectan los niveles de tu autoestima y de tu psicología del merecimiento.

Piénsalo bien

Tu psicología del merecimiento no se desarrolla en un vacío sociocultural, y por el contrario, ella se origina y se fortalece dentro de los patrones socioculturales donde naciste y te criaste.

Es muy probable que haya aspectos de tu psicología del merecimiento que tengas interés de cambiar y/o modificar.

Adelante, esta es una de las principales premisas y objetivos para escribir este libro: podemos cambiar y/o modular elementos de nuestra psicología del merecimiento.

¿Cuáles aspectos dominantes de tu psicología del merecimiento te agradan?

¿Cuáles elementos dominantes de tu psicología del merecimiento te gustaría cambiar y/o modificar?

El primer paso para iniciar este proceso es estar consciente que mereces cambiar y/o modificar aspectos de tu psicología del merecimiento.

Las personas que dan ese primer paso se les abren las puertas para dar los siguientes pasos que afectarán positivamente los niveles de su psicología del merecimiento.

El arte de merecer

Merezco vivir una vida en la cual ni mi sexo ni mi género afecten negativamente los niveles de mi psicología del merecimiento.

Merezco vivir en una cultura donde mi psicología del merecimiento fluya y contribuya con mi desarrollo personal y profesional sin que importen ni mi sexo ni mi género.

Merezco cosechar todos los frutos positivos que resultan de la práctica de una psicología del merecimiento robusta, saludable, estable y consistente sin hacer referencia a mi sexo y a mi género.

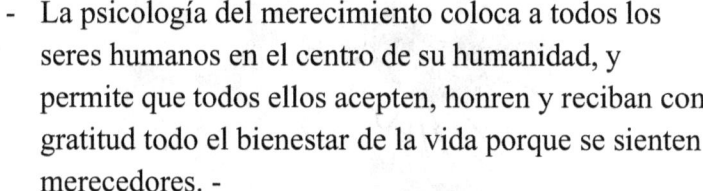

- La psicología del merecimiento coloca a todos los seres humanos en el centro de su humanidad, y permite que todos ellos acepten, honren y reciban con gratitud todo el bienestar de la vida porque se sienten merecedores. -

CAPÍTULO 14

La psicología del merecimiento y la psico sociología de la humildad.

Historia corta

"La humildad no nos priva del merecimiento" explicó Marina a su esposo Justino.

"Las esposas deben ser humildes y no replicar con sus esposos" respondió Justino en tono exasperado.

Ella lo observó y notó que estaba enojado porque su rostro lucía arrugado y áspero.

"Muchas personas incluyéndote a ti tienen una idea equivocada del concepto de humildad" expresó ella en voz alta para que él la escuchara.

"Las personas humildes no reclaman merecer privilegios" vociferó él con un tono sarcástico.

"El merecimiento y el proclamar merecer no son privilegios. El merecimiento es la piedra angular para poseer una autoestima alta, estable, saludable, robusta y consistente" dijo ella con firmeza.

La psicología del merecimiento y la psico sociología de la humildad.

1. La autoestima y la humildad

Existe popularmente una psico sociología de la humildad que disminuye y deteriora los niveles de la autoestima y de la psicología del merecimiento de sus practicantes.

Ser "humilde" no significa aceptar pasivamente todo tipo de vejámenes y humillaciones para no "ofender a los demás y vivir en paz con todos".

De hecho, comportarse consistentemente de esta manera es una señal inequívoca de poseer niveles bajos, no saludables, inestables, débiles e inconsistentes de ambos, la autoestima y la psicología del merecimiento.

La esencia de la verdadera humildad proviene de poseer ambos, una autoestima y una psicología del merecimiento robustas, estables, saludables y consistentes, que se expresan con asertividad, autoconfianza, auto seguridad y autocontrol.

La falsa humildad es hueca y vacía de sustancia, porque expresa carencia en la autoestima y en la psicología del merecimiento. La verdadera humildad es poderosa porque se origina y se expresa a partir de que la persona posee una psicología del merecimiento robusta, saludable, estable y consistente.

2. Autoestima, compasión y empatía.

Una persona con una autoestima robusta, alta, estable, saludable y consistente es capaz de exhibir y expresar los valores de la compasión y de la empatía sanamente.

Jesucristo poseía una humildad verdadera a la par con una autoestima y una psicología del merecimiento robustas, saludables, estables y consistentes.

Los grados de los valores de la compasión y de la empatía mostrados por Jesucristo son insuperables.

Mahatma Gandhi poseía una verdadera humildad que procedía de una autoestima y una psicología del merecimiento robustas, saludables, estables y consistentes. Y de nuevo, los grados de los valores de la compasión y de la empatía mostrados por él son difíciles de superar por otros seres humanos.

3. La psicología del merecimiento y la grandeza humana practicando la filantropía

Podemos estudiar a todas las personas que alcanzan ciertos grados de "grandeza humana" en alguna área de la vida, y vamos a descubrir que todos ellos practican el amor filantrópico.

La psicología del merecimiento es el motivador interno más poderoso que poseemos los humanos dentro, y cuando conectamos con esta fuente de poder podemos lograr hazañas maravillosas y "milagrosas".

Las historias de todos estos seres humanos que conectan con este poderoso motivador interno están disponibles para que las estudiemos e imitemos. Y estas historias pertenecen a todas las áreas de la vida para que la humanidad tenga la oportunidad de enriquecerse y expandirse para el bienestar de todos.

Cada ser humano que desarrolla y muestra hacia afuera una psicología del merecimiento robusta, saludable, estable y consistente beneficia a toda la humanidad.

Ejercicio # 1

En tu diario escribe los nombres de 10 personas que tú admiras debido a que han desarrollado y exhiben una psicología del merecimiento robusta, estable, saludable y consistente, al mismo tiempo que han traído y/o traen grandes beneficios a toda la humanidad.

¿Qué han hecho o hacen estas personas por lo cual reciben tu admiración?

Piénsalo bien

Los seres humanos que han acumulado más riquezas materiales dedican grandes cantidades de sus recursos a servir a los demás.

Bill Gates está invirtiendo ahora un alto porcentaje de sus riquezas para desarrollar proyectos en países pobres, particularmente África. Gates ha señalado públicamente que seguirá haciendo esto después de dejar esta forma física de vida debido a que no dejará sus riquezas a sus hijos.

La mayoría de los seres humanos que han hecho grandes aportes a la humanidad dejan los resultados y los beneficios de estos aportes como un legado para toda la humanidad.

Desarrollar y exhibir una psicología del merecimiento robusta, saludable, estable y consistente no solamente te beneficia a ti, sino que también beneficia a toda la humanidad.

El arte de merecer

Merezco desarrollar y practicar la humildad que está acompañada de una psicología del merecimiento robusta, saludable, estable y consistente.
Merezco que mis muestras de humildad refuercen mi autovaloración, mi comunicación asertiva, mi autoconfianza y mi autocontrol.
Merezco que mi sentido de vivir con humildad fortalezca mi autoestima y la haga más robusta, saludable, alta, estable y consistente.
Merezco que mi humildad me guíe hacia la obtención de grandes logros que me permitan dejar legados valiosos para toda la humanidad.

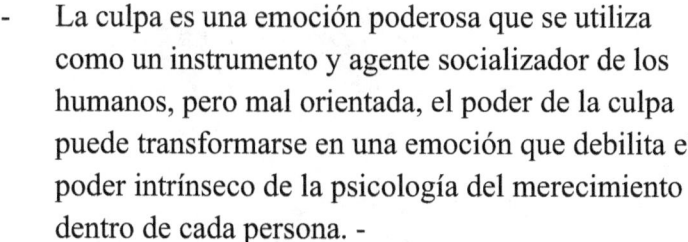

- La culpa es una emoción poderosa que se utiliza como un instrumento y agente socializador de los humanos, pero mal orientada, el poder de la culpa puede transformarse en una emoción que debilita el poder intrínseco de la psicología del merecimiento dentro de cada persona. -

CAPÍTULO 15

La psicología del merecimiento y la culpa

Historia corta

Romina y Gilda eran amigas inseparables desde que la primera se convirtió en la "consejera" de la segunda.

Romina se había casado con un medio hermano de Gilda y vivían separadas por la pequeña cima del Valle. Una vez al día Romina descendía caminando despacio por el sendero estrecho que sus pasos habían trazado para sostener su acostumbrada conversación diaria con Gilda bebiendo café caliente.

Gilda, mucho más joven que su amiga, le contaba de sus aventuras sexuales con su esposo, que aunque no era cariñoso con ella "durante sus actividades sexuales la subía al paraíso varias veces".

"Ese hombre se parece a un caballo excitado con instintos salvajes" le decía Gilda moviendo su cuerpo como si estuviera experimentando un orgasmo.

Romina la escuchaba sin mucho entusiasmo, porque la vida sexual que ella mantenía con el hermano de su amiga no tenía nada que contar.

"Me alegro por ti amiga, pero mi vida sexual es aburrida e insípida" le dijo Romina un día lluvioso.

"Creí que mi hermano y tú tenían una buena vida sexual"

respondió Gilda asombrada.

"No, yo sufro de culpa sexual que no me permite disfrutarla" explicó Romina.

"Amiga, los actos sexuales son bellos" enfatizó Gilda.

"No, con tu hermano son sucios y denigrantes" aseveró Romina.

La psicología del merecimiento y la culpa

Definición

La culpa es una emoción de autoconciencia común a los seres humanos y ligada a comportamientos morales y a la responsabilidad social. Puede utilizarse con sentido adaptativo motivando a las personas a reparar daños cometidos y a evitar futuras transgresiones morales.

La culpa excesiva y mal dirigida puede ser perjudicial para la salud mental y el bienestar psicoemocional de las personas.

Los propósitos y estudios de la culpa

Los estudios de la culpa indican que ella puede servir a propósitos adaptativos para los seres humanos, incluyendo motivarlos hacia comportamientos sociales positivos como disculparse y reparar errores cometidos.

Mal dirigida, la culpa puede provocar sentimientos de

inadecuación y de auto culpabilidad en muchas personas.

Los estudios señalan que existe una correlación entre la culpa y la empatía, indicando que quienes se sienten culpables muestran más empatía hacia las personas que sufren. Además, estudios indican que la culpa puede ser un motivador de conductas pro sociales, como son ayudar a otros y envolverse en ayudar a la comunidad.

Algunos contextos específicos de la culpa que se han estudiado son los siguientes: la culpa de los sobrevivientes a situaciones traumáticas, la culpa existencial y la culpa basada en violaciones morales.

Se han explorado los mecanismos que la culpa utiliza para convertirse en un motivador de conductas, el papel de la culpa en la salud mental relacionada con la depresión y la ansiedad, las diferentes expresiones culturales de la culpa, y además, se han desarrollado estrategias de intervención para personas que muestran culpa psicopatológicas.

La psicología del merecimiento y la emoción de la culpa se encuentran en diferentes dimensiones de la vida.

- La culpa psicopatológica le quita parte del poder motivador natural que la psicología del merecimiento posee, porque contribuye a que las personas pierdan el rumbo de sus motivaciones para lograr metas propuestas.
- La culpa psicopatológica disminuye los niveles de la psicología del merecimiento haciéndola menos robusta y estable, y abriendo las puertas para que las personas entren en depresión y ansiedad.

Es posible disminuir los signos de la culpa psicopatológica entrenando a las personas a incrementar los niveles de su psicología del merecimiento.
Mientras más robusta, saludable, estable y consistente sea la psicología del merecimiento de una persona, menos cabida tendrá la culpa psicopatológica en su vivir cotidiano.

Ejercicio # 1

En tu diario, escribir tres hechos de tu vida de los cuales te sientes culpable.

Examina los hechos y determina si tú sientes y expresas una culpa psicopatológica hacia ellos o es una culpa "normal" y natural a los hechos.

Piénsalo bien

La emoción de la culpa es tan natural para los seres humanos como lo son todas las otras emociones que habitan y se expresan en sus cuerpos físicos.

La emoción de la culpa expresada sanamente cumple varias funciones necesarias para que cada persona gestione sus emociones con inteligencia emocional.

Por ejemplo, la emoción de la culpa contribuye con nuestro proceso socializador adaptativo y nos enseña a ser más empáticos con las personas que sufren.

Pero la expresión de la emoción de la culpa de forma psicopatológica es dañina y perjudicial para la salud emocional, y este libro plantea que las personas pueden aprender a expresarla saludablemente.

En muchas situaciones, las personas necesitan de la colaboración de un profesional competente para que las acompañe en este proceso. No debemos sentirnos culpables si necesitamos utilizar este valioso recurso profesional para fortalecer nuestro bienestar psicoemocional.

Todas nuestras emociones, incluyendo la culpa, residen en nuestros cuerpos físicos y reclaman expresarse sanamente. El acompañamiento de un profesional competente puede ser la pieza clave que nos ayude a superar una culpa psicopatológica y a conectar con nuestra psicología del merecimiento.

El arte de merecer

Merezco expresar sanamente todas las emociones que habitan en mi cuerpo físico, incluyendo la emoción de la culpa.
Merezco aprender todas las lecciones de vida que la emoción de la culpa me enseña, incluyendo ser más empático conmigo mismo y los demás.
Merezco desarrollar al máximo mi inteligencia emocional y expresar todas mis emociones con inteligencia.
Merezco recibir tratamiento profesional competente si he aprendido a expresar la emoción de la culpa de formas psicopatológicas.

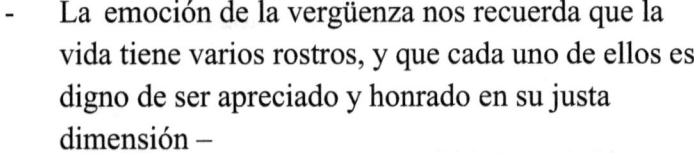

- La emoción de la vergüenza nos recuerda que la vida tiene varios rostros, y que cada uno de ellos es digno de ser apreciado y honrado en su justa dimensión –

CAPÍTULO 16

La psicología del merecimiento y la vergüenza.

Historia corta

Hilda era una mujer joven con un cuerpo físico bien estructurado para la vista de todos los hombres, quienes se divertían tirándole piropos amorosos por donde quiera que ella caminaba.

Como Hilda se sentía acerca de su cuerpo era otra historia que solo ella guardaba en sus adentros muy íntimos.

Cuando Hilda observaba su vulva en un espejo se llenaba de pavor y guardaba el espejo de inmediato.

¿Por qué Dios me dio una vulva tan fea y un cuerpo tan bello? Se preguntaba Hilda constantemente.

Los labios menores o internos de la vulva de Hilda sobresalen y cubren los labios mayores o externos, su clítoris sale hacia afuera con apariencia voluminosa, y ambos la "molestan" cuando Hilda usa algunas prendas íntimas.

En muchas ocasiones cuando Hilda se viste con pantalones bien ajustados a su cuerpo, ella se excita sexualmente con facilidad y eso la hace sentirse avergonzada.

"En algunas ocasiones la excitación sexual es tan fuerte que necesito ir al baño "para controlarme y relajar mi cuerpo" le explica ella a su terapeuta.

Esta situación impulsó a Hilda a contratar una terapeuta para que la ayudara con la situación de su vulva.

"Poseo una vulva 'anormal'" le dijo Hilda a su terapeuta en la primera sesión.

La terapeuta le explicó a Hilda que cada vulva femenina era diferente y que eso era una situación totalmente normal y natural que marcaba las diferencias humanas.

"No tienes porqué avergonzarte de la forma fisiológica de tu vulva" enfatizó la terapeuta.

"Mi vulva es fea e incómoda, terapeuta" argumentaba Hilda a la terapeuta.

"Aprende a aceptar tu vulva y el placer sexual que ella te ofrece. La vulva es el órgano de placer sexual femenino, no la vagina. La vulva contiene el clítoris que es la clave del placer erótico de las mujeres" explicó la terapeuta.

La psicología del merecimiento y la vergüenza. Definición.

La vergüenza es una emoción dolorosa en la cual sobresale una evaluación negativa de sí mismo debido a la percepción de haber fracaso a uno mismo u otros a quienes consideramos significativos para nuestros estándares. Por lo general la emoción de la vergüenza viene acompañada de una sensación de sentirse inadecuado y humillado.

- La vergüenza provoca que la persona se sienta indigna y sin valor.
- La vergüenza incita a la persona a percibirse con poco valor personal y social.
- La vergüenza induce a que la persona se sienta humillada y farsa frente a los demás.
- La vergüenza afecta negativamente la autoestima de la persona haciendo que se perciba inmerecida y desvalorizada a la vista de los demás.
- La vergüenza puede originarse en algún evento específico o en el hecho de que la persona perciba ser un fracaso.
- Según algunos estudios, la vergüenza siempre tiene un impacto negativo en la autoestima de las personas que la padecen.

Algunas estrategias para afrontar la vergüenza psicopatológica son:

- El Instituto Berkeley del bienestar sugiere como primer paso identificar las situaciones y las creencias que provocan e incitan la emoción de la vergüenza.
- El autoamor y tratarse a sí mismo con cariño y compasión en lugar de la práctica de la autocrítica cruel y voraz, y practicar autocríticas positivas que desactiven la emoción de la vergüenza.
- Buscar ayuda profesional, de familiares y amigos.
- Aprender a retar los pensamientos negativos que crean la emoción de la vergüenza.
- Desarrollar y practicar la resiliencia frente a los embates de la emoción de la vergüenza.

La psicología del merecimiento y la vergüenza

La emoción de la vergüenza expresada de forma psicopatológica afecta negativamente los niveles de la psicología del merecimiento de las personas que sufren de esta condición.

De nuevo, la forma más expedita de enfrentar esta condición es dando pasos estratégicos para aumentar los niveles de la psicología del merecimiento.

Las personas que sufren de vergüenza psicopatológica pueden dar los pasos siguientes:

- Reconocer la situación: la vergüenza posee un poder paralizante de las energías positivas internas, y el primer paso es salir de la negación y admitir la condición.
- Conectar con los provocadores de la condición: ¿la condición es parte intrínseca de los rasgos de mi personalidad, o existen eventos, situaciones, personas o circunstancias que la provocan?
- Observar las reacciones del cuerpo: todas las emociones, incluyendo la vergüenza, son componentes vitales de los cuerpos humanos, y

    cada una de ellas crea u origina reacciones en porciones específicas de los cuerpos.
- Retar los pensamientos negativos que provocan la emoción de la vergüenza. Estos pensamientos son persistentes y repetitivos, y con esas mismas características tienen que ser los retos planteados por la persona en recuperación.
- Dedicarse a incrementar los niveles de la psicología del merecimiento expresando, verbalizando y fortaleciendo

sus aspectos positivos.

Ejercicio # 1

En tu diario, escribir una lista de los hechos o situaciones o circunstancias que te provocan vergüenza psicopatológica

Utilizar tu psicología del merecimiento para retar dichas situaciones, hechos o circunstancias con palabras positivas de autoamor.

Piénsalo bien

El poder de la emoción de la vergüenza psicopatológica paraliza y secuestra las energías positivas del cuerpo a través del cerebro humano.

Tenemos que liberarnos de ese secuestro para que las energías positivas de nuestras emociones fluyan hacia los espacios del cuerpo que las necesiten.

La psicología del merecimiento es nuestra aliada principal en este proceso liberador que nos permite fluir con la vida, y que nos da oportunidad de transformarnos en personas emocionalmente inteligentes.

El arte de merecer

Merezco aprender a expresar la emoción de la vergüenza sanamente.

Merezco ser libre de los poderes inhibidores que la vergüenza psicopatológica ejerce en los cuerpos de sus víctimas.

Merezco vivir como una persona con inteligencia emocional que gestione todas sus emociones sanamente incluyendo la emoción de la vergüenza.

Merezco utilizar la psicología del merecimiento para contrarrestar los efectos negativos de la vergüenza psicopatológica.

- La forma saludable de enfrentarse al miedo es mirándolo a la cara, porque en este espejo podemos observar nuestro interior. -

CAPÍTULO 17

La psicología del merecimiento y el miedo.

Historia corta

Alejandro no entendía por qué la mayoría de las situaciones a las que tenía que enfrentarse en la vida cotidiana lo paralizaban, y en algunas instancias lo petrificaban y lo dejaban parado sin posibles opciones.

En los estudios le había ido medianamente bien, y ahora, a los 27 años ejercía su profesión de médico especialista en el sistema urinario masculino y femenino. A veces, ser un urólogo no lo entusiasmaba mucho, debido a que la mayoría de sus pacientes eran hombres, y pasarse todo el día introduciendo su mano en los anos de los hombres "no le parecía una profesión divertida".

Alejandro trabajaba para una clínica comunitaria como urólogo, pero se sentía estancado profesionalmente y se preguntaba con frecuencia por qué no podía acceder a ejercer en algún hospital o clínica de prestigio.

La respuesta afloraba de inmediato a su cerebro: él nunca llenaba aplicaciones ni enviaba su currículum a esos lugares profesionales.

"Hacer eso es una pérdida de tiempo, porque nadie va a contratar a un urólogo que trabaja en una clínica comunitaria" pensó para sí mismo.

Pero el mayor miedo paralizante de Alejandro estaba alrededor de sus relaciones románticas con el sexo opuesto, las mujeres.

A los 27 años de edad, Alejandro, un médico especializado en urología vivía todavía en la casa de sus padres, nunca había tenido una novia y sus padres lo presionaban para casarse y que los proveyera de una nieta.

Peor aún, Alejandro era virgen y nunca había tenido relaciones coitales con una mujer.

La psicología del merecimiento y el miedo Definición
El miedo es una emoción primaria de autoprotección que desencadena la percepción de sentirse en peligro o amenazado. Y para sobrevivir en medio de la percepción de una amenaza, el cuerpo utiliza la emoción del miedo como un mecanismo de acción para protegerse utilizando la confrontación o el escape del peligro percibido. El miedo es una emoción que prepara el cuerpo para "pelear, congelarse o correr" frente a una amenaza a la sobrevivencia.

El miedo es una respuesta o reacción automática del cuerpo que posee algunos de estos elementos:

- Es una respuesta del cuerpo frente a la percepción de un peligro real o imaginario.
- La emoción del miedo produce una cascada de cambios fisiológicos en el cuerpo, como son el aumento de los latidos del corazón, la respiración más rápida y el aumento de la hormona adrenalina.

- La emoción del miedo desencadena reacciones que prepara el cuerpo para la acción de huir, pelear o congelarse.
- La emoción del miedo es un mecanismo que percibe el peligro y prepara el cuerpo para que responda a dicho peligro.

1. Estudios sobre el miedo

Los estudios sobre la emoción del miedo exploran su base biológica, cómo se aprende y el impacto que este tiene sobre la salud mental de las personas.

Se conoce ahora el papel que una porción del cerebro llamada las amígdalas juega en el desarrollo y aparición del miedo como una conducta observable. En otras palabras, la emoción del miedo tiene una base biológica y se expresa en reacciones del cuerpo.

La emoción del miedo puede aprenderse por medio de experiencias directas, como son los eventos traumáticos, pero también de forma indirecta cuando la persona observa el miedo en otras personas. Un evento o situación neutral puede aparearse con uno negativo para estimular y crear la emoción del miedo.

Los miedos mal dirigidos pueden crear conductas psicopatológicas que necesitan de tratamiento terapéutico profesional para su superación, como son las fobias y los desórdenes de estrés postraumático, ambos desórdenes comunes en las sociedades.

En la actualidad se investigan los mecanismos cerebrales

que forman parte del miedo en los desórdenes de ansiedad, y esto traerá nuevas terapias para tratar efectivamente a estos desórdenes.

Investigadores actuales prominentes que estudian el miedo

La Dra. Abigail Marsh, es una profesora en la Universidad de Georgetown que ha estudiado la neurobiología del miedo conectado a la empatía y la conducta social.

El Dr. Kerry Ressler, un investigador y profesor del Instituto Médico, ha investigado la neurobiología del miedo relacionado al desorden de estrés postraumático.

El Dr. Bo Li, ha observado y analizado las actividades del cerebro durante situaciones de miedo.

El Dr. Dacher Keltner, profesor en la Universidad de California, ha investigado los aspectos sociales y emocionales del miedo y el papel que estos desempeñan en el comportamiento humano.

A los Doctores Christopher Bader, Ed Day y Ann Gordon, investigadores de la Universidad de Chapman, se les conoce como "los estudiosos del miedo americano", por sus estudios sobre el impacto del miedo en la sociedad americana.

El Dr, Vadim Bolshakov, profesor de la escuela de medicina de la Universidad de Harvard, ha investigado los mecanismos moleculares del miedo en el cerebro.

2. La psicología del merecimiento y el miedo

El miedo psicopatológico bloquea y limita la utilización efectiva de la psicología del merecimiento en el vivir cotidiano.

Existen diversas formas de miedo donde estos bloqueos y limitaciones se presentan en la vida: miedo a fracasar, miedo a tener éxito, miedo a mostrar al público nuestros talentos y habilidades, miedo a tomar iniciativas, miedo al emprendimiento y otros.

Tenemos que evaluar nuestra situación en particular para determinar dónde residen nuestros miedos inhibidores, y al encontrar sus escondites, trabajarlos en las siguientes áreas pertinentes:

- Hacer las paces con nuestros miedos: ellos viven en nuestros cuerpos y son componentes vitales de nuestro sistema emocional, son amigos, no enemigos.
- Integrar nuestros miedos a la gestión de nuestras emociones: ellos pueden colaborar con nosotros para transformarnos en personas emocionalmente inteligentes.
- Reconocer nuestras zonas confortables: nuestros miedos nos indican las áreas sensibles de nuestras zonas confortables y cómo podemos trabajarlas para expandir nuestros horizontes emocionales.

Ejercicio # 1

En tu diario, puedes empezar a escribir una lista de los miedos que bloquean y limitan tus capacidades y habilidades para que tú utilices tu psicología del merecimiento más proactivamente en el diario vivir.

Piénsalo bien

La emoción del miedo no es tu enemiga, y por el contrario, ella es una aliada importante para ayudarte a ser una persona emocionalmente inteligente.

Tus miedos son componentes vitales de tu sistema emocional y residen y se expresan en tu cuerpo, particularmente en la zona de tu cerebro llamada amígdalas.

En el pasado y en el presente la emoción del miedo te ayuda a sobrevivir y te protege.

Tus miedos marcan los límites y las barreras de todas las zonas confortables que has aprendido en el transcurso de tu vida, y de hecho, esas zonas confortables te ofrecen seguridad y protección.

De aquí en adelante tu tarea es trabajar armónicamente con todos los miedos psicopatológicos que te bloquean y limitan, impidiéndote poseer y expresar una psicología del merecimiento robusta, saludable, estable y consistente.

El arte de merecer

Merezco vivir la vida sin miedos crispantes que atormenten mis sentidos. Merezco ser protegido por el miedo y vivir seguro al mismo tiempo.
Merezco jugar al escondite con las sombras que afloran en mi vida en ocasiones.
Merezco respirar tranquilo sobre los hombros de la ansiedad. Merezco vivir sin miedos que controlen el propósito de mi vida.
Merezco transitar mi proyecto de vida relajado, tranquilo y calmado y con serenidad interior.

- La psicología del merecimiento es el motivador interno más poderoso que cada ser humano posee dentro de sí mismo -

- La depresión posee varias raíces originarias y entra a la vida humana por ventanas diversas y variadas. Ella es un agente silente que si no es tratada a tiempo, poco a poco se apodera del recurso motivador interno más poderoso que los humanos poseen dentro de sí mismos: la psicología del merecimiento. –

CAPÍTULO 18

La psicología del merecimiento y la depresión.

Historia corta

Danilo fue concebido y criado por padres biológicos depresivos que nunca estuvieron conscientes de que lo fueron.

Cuando alcanzó la pre-adolescencia, Danilo entendió que "algo no estaba bien con su personalidad", porque una apatía más pesada que el camión grande, destartalado y ruidoso que su padre conducía lo invadía por semanas enteras.

Una tarde después que Danilo regresó de la escuela se encerró en su cuarto y los "gritos y ruidos" de sus padres en la puerta no lograron convencerlo de que saliera.

El siguiente día Danilo rehusó salir de su cuarto para asistir a su escuela y sus padres se asustaron de verdad.

"Danilo, te compraremos esa bicicleta nueva y la tableta Apple, anímate a salir del cuarto por favor" rogaban sus padres parados en frente de la puerta de su habitación.

Ni una sola palabra, ni respiro, ni sonido salían del cuarto de Danilo, entonces sus padres realmente se preocuparon de la situación.

Llamaron a sus respectivos trabajos y dijeron que debido a una grave situación familiar tomarían un día de enfermedad.

A las 10 de la mañana el teléfono del padre sonó y era el consejero de la escuela de Danilo.

"Danilo no vino a la escuela hoy y me preocupa su estado psicológico. Durante nuestras sesiones en las últimas semanas él ha estado deprimido. Estoy llamando para comunicárselo y que usted tome las medidas adecuadas" dijo con una voz firme y profesional.

"¿Está Danilo en la casa ahora? Lo he llamado a su celular varias veces y no responde" explicó el Sr. Manuel Valdez su consejero escolar.

"Si, pero está encerrado en su cuarto desde ayer y no quiere salir" respondió el padre con voz temblorosa.

"Voy a cerrar el teléfono y llamar al 911 de inmediato, y le aconsejo que usted haga lo mismo ahora" dijo el consejero escolar y terminó la llamada.

El padre de Danilo, Samuel, se acercó a la puerta de la habitación de su hijo para determinar si algún sonido salía por la puerta, pero lo único que se presentía salir del cuarto eran "los sonidos de la muerte".

Los sonidos estrepitosos de la ambulancia indican que una o varias habían llegado a la casa por la llamada del consejero de la escuela.

La madre de Danilo, Isabel, abrió el frente de la puerta de la casa, los invitó a entrar y les explicó lo que sucedía con detalles.

Dos paramédicos se acercaron a la habitación de Danilo y le pidieron que abriera la puerta, porque la escuela estaba preocupada por su no asistencia ese día.

Tres bomberos se agruparon con todos los demás frente a la puerta del cuarto de Danilo y trataron infructuosamente de abrir la puerta.

"Necesitamos su permiso para derribar la puerta" dijeron los bomberos a sus padres.

"¡Adelante!" Respondieron ambos al unísono.

Al derribar la puerta y entrar a la habitación no había nadie dentro de forma visible.

"¡Dios mío!" Dijo un bombero saliendo del closet del cuarto.

El cuerpo de Danilo estaba colgando y sus ojos brotaban hacia afuera como si hubiesen deseado salir de la habitación antes de que su cuerpo respirara por última vez.

La psicología del merecimiento y la depresión.

Definiciones de la depresión

En psicología la depresión se define como un trastorno del humor que se caracteriza por un sentimiento persistente de tristeza y apatía, poco interés en lo placentero de la vida y cambios negativos importantes en la salud emocional, conductual y física.

Existen varios tipos de depresión y solamente un profesional competente los puede evaluar, diagnosticar y tratar. La depresión es tratable profesionalmente y su prognosis es generalmente buena y favorable si es tratada a tiempo por un equipo profesional multidisciplinario que incluye psiquiatra, psicólogo, trabajador social, terapeuta y los familiares y amigos del paciente.

La depresión profunda y severa es una condición psicoemocional que no es simplemente sentirse triste en ocasiones debido a circunstancias de la vida.

La depresión severa es un estado psicoemocional serio que involucra al menos los siguientes aspectos de la vida de la persona deprimida:

- La persona es invadida por la tristeza, el sentido de vacío para vivir la vida, la irritabilidad y esta condición dura por semanas o meses.
- La persona pierde interés por los aspectos placenteros de la vida que incluye la vida social y las actividades sexuales.
- La persona cambia sus patrones normales de dormir y de comer que pueden llevar al insomnio y a incrementar o decrecer el apetito.
- La persona experimenta fatiga y falta de energía para realizar las actividades cotidianas.
- La persona tiene dificultades para enfocarse y tomar decisiones en la vida.
- La persona se siente culpable de forma persistente

y pierde la autovaloración y auto respeto.
- La persona puede manifestar síntomas físicos como dolor de cabeza, problemas estomacales y dolor crónico.
- La persona con una depresión severa y profunda posee ideas y pensamientos suicidas.
- Una depresión no tratada efectivamente por un profesional competente puede llevar a su víctima a la muerte

1. Los estudios sobre la depresión continúan en diferentes áreas del saber para tener un mejor entendimiento de sus causas, su prevalecía, su impacto en la salud física de las personas, los diferentes tipos de depresión y el tratamiento efectivo.

En la actualidad la depresión es tratable profesionalmente, y su pronóstico es bueno o favorable cuando el tratamiento se ejecuta con un enfoque multidisciplinar que incluya a profesionales competentes y a la familia del paciente.

2. Algunos investigadores importantes del tema de la depresión son:

- La Dra. Lisa Monteggia es una líder en los estudios de la depresión y el cerebro, explorando cómo áreas del cerebro relacionadas con la regulación del humor contribuyen con la depresión.
- La Dra. Leanne Williams ha estudiado la depresión y sus conexiones a disfunciones cognitivas contribuyendo a un

tratamiento más efectivo de las personas que padecen de depresión.
- El Dr. Carlos Zárate, Jr., se ha enfocado en estudios que ayudan a tratar las causas de la depresión y no simplemente sus síntomas.
- El Dr. Robert Sapolsky ha investigado la biología del estrés y cómo este está conectado con la depresión.
- En la historia de la depresión, las ideas del Dr. Sigmund Freud continúa influenciando los estudios sobre la depresión. El Dr. Freud planteaba que la depresión estaba ligada a la melancolía, y que la

culpa y la pérdida juegan un papel importante en la manifestación de sus síntomas.

3. La psicología del merecimiento y la depresión están conectadas intrínsecamente en los siguientes elementos:

- Las personas con niveles débiles, inestables, no saludables e inconsistentes en su psicología del merecimiento son más propensas a deprimirse según las observaciones profesionales.
- Lo opuesto es también observable, y las personas con niveles robustos, saludables, estables y consistentes en su psicología del merecimiento son menos propensas a deprimirse.
- Los niveles robustos, saludables, estables y consistentes de la psicología del merecimiento no son un antídoto para la depresión, pero las características que muestra y exhibe la psicología del merecimiento son opuestas a los síntomas de la depresión.

- La psicología del merecimiento es el motivador interno más poderoso que las personas poseen dentro, y este motivador se contrapone a las raíces motivadoras de la depresión y sus síntomas.
- La psicología del merecimiento es un componente vital de la autoestima y la combinación de ambos factores de la personalidad humana a niveles robustos, saludables, estables y consistentes, tienen la posibilidad de cerrar las puertas de entrada a las posibilidades de la depresión y de sus síntomas más severos.

Ejercicio # 1

Aprovecha esos momentos o etapas de la vida cuando asoman a las puertas de tu vida signos que pertenecen a la depresión, y piensa en las características que tu psicología del merecimiento posee en la actualidad.

Reflexiona: ¿qué sucede a los signos de la depresión cuando tú realizas esa reflexión?

El poder inherente a tu psicología del merecimiento colabora contigo para combatir los síntomas de la depresión al misma tiempo que es tratada por profesionales competentes.

Piénsalo bien

Atravesar por cambios de humor y en ocasiones sentirse con niveles bajos de energías no significa necesariamente sufrir de depresión profunda y severa. Tampoco lo es sentir y expresar dolor y tristeza normales debido a pérdidas importantes mientras el cuerpo se recupera de ellas.

Pero asegúrate de esto: que un profesional competente evalúe, diagnostique y trate la depresión, no tú, ni tus familiares o amigos. La depresión es un problema de salud mental y emocional serio, y solamente profesionales competentes la pueden evaluar, diagnosticar y tratar efectivamente.

Por otro lado, fortalecer la psicología del merecimiento es el mejor antídoto para enfrentarse a situaciones y circunstancias que pueden originar signos depresivos.

La psicología del merecimiento es un recurso poderoso para incrementar los grados de la felicidad interior de cada ser humano.

La felicidad y la depresión no transitan por los mismos senderos de la vida, excepto en el diagnóstico de la bipolaridad.

La psicología del merecimiento aboga por la felicidad, la depresión conduce a la infelicidad, y al tratarla profesionalmente, las personas deprimidas tienen la posibilidad de recuperar algunos grados de su felicidad.

El arte de merecer

Merezco poseer y expresar una psicología del merecimiento robusta, saludable, estable y consistente. Merezco tratamiento profesional para mi depresión si sus síntomas aparecen en los mapas psicoemocionales de mi vida.

Merezco transitar por los caminos de la felicidad.
Merezco ser una persona feliz.

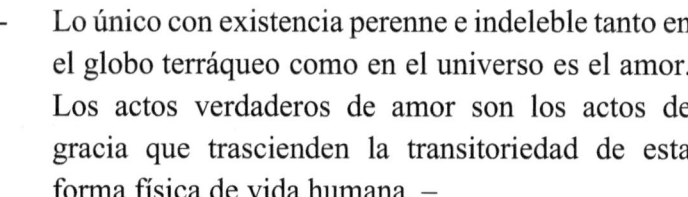

- Lo único con existencia perenne e indeleble tanto en el globo terráqueo como en el universo es el amor. Los actos verdaderos de amor son los actos de gracia que trascienden la transitoriedad de esta forma física de vida humana. –

CAPÍTULO 19

La psicología del merecimiento y el amor.

Historia corta

Baltazar es un arquitecto prestigioso, profesor universitario y con una sólida formación espiritual.

Su amor por los libros y la lectura es formidable, y sus capacidades y habilidades intelectuales insuperables.

Macondo es un amigo de su esposa con quien Baltazar disfruta tener largas conversaciones filosóficas cada vez que él la visita para dialogar sobre poesía.

"La filosofía es la madre de las ciencias" explica Baltazar mientras Macondo se prepara para varias horas de conversaciones filosóficas.

"El amor no es lo que la mayoría de las personas cree que es" dice Baltazar.

Y de una forma didáctica siguiendo el método socrático se dedica a transitar la historia humana citando a todos los historiadores y filósofos que han dicho algo sobre el amor.

"Ovidio, por ejemplo, escribió 'El arte de amar' influenciado por la cultura romana que era predominantemente homosexual" explica con énfasis.

"Mientras que Platón escribió 'El banquete' guiado por la

cultura griega que también era mayoritariamente homosexual" sigue explicando.

Cuando Baltazar empieza a hablar del amor romántico algunos de los autores que afloran a sus labios son: Jane Austen, Emily Brontë, William Shakespeare, Gabriel Garcia Márquez, León Tolstoy, Charolette Brontë, F, Scott Fitzgerald, Gustave Flaubert, Erich Fromm y otros.

"¿Y que es el amor entonces?" Pregunta Macondo.

"El amor, Macondo, no contiene definiciones específicas, porque el amor es la vida con todo lo que existe en ella" responde Baltazar.

La psicología del merecimiento y el amor

El tema del amor es universal y trasciende épocas históricas, culturales y creencias religiosas. Cada época histórica, cultura y creencia religiosa matizan el amor con sus propias ideas y paradigmas, pero el tema tratando alguna forma de amor permea a cada una de las expresiones culturales de la humanidad.

Para algunos autores clásicos de este tema el amor es la esencia vital de la vida, que incluye las ideas que podríamos tener de Dios, ya que "Dios es amor dice el libro Sagrado, la Biblia.

Amores trascendentes y amores inmanentes

1. Amores trascendentes y amores inmanentes: en la historia de la humanidad los amores trascendentales precedieron a los amores inmanentes. Entre los humanos, la experiencia vital de amor se desarrolló y expresó primero hacia las creencias de lo divino o espiritual. Los humanos expresaban amor a divinidades que ellos percibían con poderes superiores a ellos, que incluían el fuego, el agua, el sol, la luna, las estaciones del año, el océano, animales feroces y fuertes, entre otras.

En las sociedades modernas de hoy los amores trascendentes incluyen el amor filantrópico, el amor ágape, el amor a la patria, el amor a la naturaleza y otros.

Los amores inmanentes

Los amores inmanentes fueron surgiendo con el desarrollo mismo de la humanidad como una manera de los humanos comprender las relaciones e interacciones entre ellos mismos.

El amor materno/paterno

No necesariamente en el orden histórico de su nacimiento, empecemos con el amor inmanente denominado amor materno/paterno, el cual ejerce una influencia poderosa en las sociedades modernas de hoy.

Por siglos los humanos no relacionaban la participación que ellos tenían en la procreación de otros seres humanos, y por el contrario, se la atribuían a los dioses y las diosas. Es decir, los humanos inicialmente no comprendían que la sexualidad y los actos sexuales entre ellos poseían una función reproductiva, y que ellos tenían el poder crear a otros seres humanos a través de sus actos sexuales coitales.

Cuando los humanos entendieron esta conexión, las mujeres eran diosas porque poseían el poder dentro de ellas para traer otras vidas a la tierra al recibir este poder directamente de los dioses.

Pero más tarde, los hombres se transformaron en los dioses, porque ellos poseían "el germen de la vida" que introducían en los vientres de las mujeres, mientras que ellas eran solo receptáculos que recibían dicho germen de vida de los hombres. Por siglos a la sexualidad de la mujer no se le atribuía ninguna función, ni tampoco poseían las capacidades de disfrutar de los actos sexuales. La idea de la capacidad orgásmica de la mujer es reciente en la historia humana.

El concepto de familia

La idea de amor maternal/paternal surgió junto a la evolución del concepto de familia, y los seres humanos empezaron a cuidar de las criaturas que engendraron como si estas fueran componentes de ellos mismos. Debe aclararse en este punto que el concepto de cuidado y protección infantil que tenemos hoy es una idea reciente en la historia de la familia. Así surgió en la historia humana el concepto de amor maternal/paternal con las sofisticaciones que lo conocemos hoy en diversas culturas.

Otros amores inmanentes

A partir de este primer amor inmanente surgieron otros, como el amor fraternal, y más recientemente el amor romántico o erótico. Este último tipo de amor inmanente llamado amor romántico o erótico lo trato con detalles en mi libro ya publicado, "La psicología del amor: El amor romántico (para aprender a amar)".

2. La experiencia vital de amor: la esencia vital de la vida. Entre los humanos, la experiencia vital de amor es consustancial a la vida misma y no posee historia cronológica. Por otro lado, las experiencias de aprendizaje de amor son históricas y crean y dan origen a los diversos tipos de amor. Yo dedico un capítulo a este tema en mi libro ya publicado, "La psicología del amor: El amor romántico (para aprender a amar)".

3. La psicología del merecimiento y el amor: los niveles de amor que cada ser humano expresa hacia afuera están matizados por los grados de la psicología del merecimiento que ha logrado desarrollar. El amor, cualquier forma de amor, lo expresa una persona que

posee sus propios niveles de autoamor.

El autoamor es un componente vital de la psicología del merecimiento expresada como autocuidado, cariño hacia sí mismo, auto aprecio y autovaloración. Cada persona solo puede ofrecer a los demás grados cualitativos de amor que ha logrado alcanzar hacia sí mismo mediante la psicología del merecimiento.

La psicología del merecimiento es el catalizador de las expresiones amorosas de las personas. Mientras más grados de autoamor saludable posee la persona, más saludables serán sus expresiones de amor, incluyendo el amor materno/paterno, amor fraternal, el amor romántico o erótico.

Ejercicio # 1

En tu diario, escribe 10 actividades o actos que tú practicas y que indican o muestran tu autoamor o psicología del merecimiento expresada hacia afuera

Asegúrate que los actos de amor en tu lista están conectados a tu psicología del merecimiento y que son actos que indican los gratos de tu autovaloración, autoamor y auto apreciación.

Piénsalo bien

Amar es un verbo que indica acción primero dirigida hacia sí mismo.

El autoamor no es egoísmo ni la psicología del merecimiento es hedonismo.

Auto cuidarnos y auto valorarnos es una acción de amor que indica que somos personas saludables y confiables.

El auto aprecio es una manera saludable y valiosa de autoamor que debemos practicar diariamente.

La autovaloración, el autocuidado y el auto aprecio son esencias vitales de nuestra autoestima, y ya sabemos que una autoestima robusta, estable, saludable, alta y consistente solo puede emanar de una psicología del merecimiento robusta, estable, saludable y consistente.

El arte de merecer

Merezco amar y ser amado/a saludablemente.
Merezco amarme, quererme y estimarme incondicionalmente. Merezco saber que soy valioso/a.

Merezco tener auto aprecio y que me aprecien. Merezco autovaloración y autocuidado.

APÉNDICE

La psicología del merecimiento nos enseña a apreciarnos con intensidad y pasión, porque la vida que poseemos no es barata. El venderse barato no está en el diccionario de la psicología del merecimiento.

¿Cómo se define una psicología del merecimiento robusta, saludable, estable y consistente?

¿Cómo se exhibe o muestra la psicología del merecimiento en la vida diaria y en las interacciones y relaciones humanas de las personas que la poseen?

Las respuestas a estas preguntas son los fundamentos que originaron este libro, y cada capítulo del mismo intenta responder a ellas desde diversas pinceladas y ángulos.

Definición

La psicología del merecimiento es la base y la esencia vital que compone tanto la identidad como la autoestima en la personalidad humana. Las personas que desarrollan y practican una psicología del merecimiento robusta, proactiva, estable, saludable y consistente por lo general expresan, exhiben y manifiestan estas mismas características en ambos rasgos de su personalidad, la identidad y la autoestima.

La psicología del merecimiento se exhibe o muestra hacia afuera con al menos las siguientes características:

1. Poseer altos grados de autoconfianza y auto seguridad: la persona sabe quién es, cuáles son sus valores primarios y qué espera crear para su vida.

2. Proyectar autovaloración y autoimagen: la imagen que la persona muestra hacia afuera procede desde su propia autovaloración que existe dentro de ella misma.

3. Crear un proyecto de vida sólido: la persona posee claridad meridiana sobre cuál es su propósito vital para vivir y dedica recursos para crearlo y construirlo.

4. Merecer de la vida lo que le toca merecer como un ser humano: la persona no alberga dudas acerca de sus merecimientos de la vida porque ella misma es una parte vital de ella, y está clara y consciente que lo que merece de la vida, lo merece de verdad.

5. Crear sus merecimientos de la vida en su diario vivir, y no meramente exigirlos: la persona está consciente y sabe cómo desea que su interior y su exterior luzcan, y hace planes programados para crear esos estilos de vivir en su vida diaria.

6. Escuchar e imitar modelos, mentores y coaches: la persona transita su psicología del merecimiento con modelos, mentores y coaches que la acompañan en sus procesos de aprendizaje en cada etapa de la vida.

7. Vivir una vida de calidad y con excelencia: la persona exuda excelencia y una vida con inspiración para dar y lograr las mejores aspiraciones y expectativas que ella se propone regalarse a sí misma y ofrecer a los demás.

8. Motivar desde dentro hacia afuera: la persona impulsa sus metas y objetivos importantes desde sus motivaciones intrínsecas y vive sus cotidianidades desde esos espacios motivacionales.

9. Aceptar y practicar la mediocridad no es una opción aceptable: la persona pule y afila sus talentos y habilidades para alcanzar sus mejores logros y éxitos que la vida puede ofrecerle.

10. Entender que es un componente vital e intrínseco de la vida y no una entidad separada de ella: la persona sabe y está consciente que es una parte vital y esencial de la vida y de sus procesos de cambios, y asume y honra

todos sus compromisos con la vida que es ella misma.

Esa persona no espera que la vida le regale nada porque está absolutamente consciente de que ella es la vida, y de que esta le fue regalada como un acto de merecimiento. Merecer es un acto de vida apreciado y valorado.

Este libro abre una nueva puerta en psicología para el estudio de la personalidad humana: la psicología del merecimiento.

Algunos puntos importantes sobre el contenido de este libro

1. Hasta la publicación de este libro, el tema la psicología del merecimiento se mencionaba solamente como "poseer autoconfianza y seguridad personal" a la hora de una persona tomar decisiones importantes.

2. Este libro plantea que la psicología del merecimiento va más allá de esa premisa, aunque definitivamente la incluye en sus postulados.

3. La psicología del merecimiento es la esencia vital e intrínseca que moldea y ofrece estructura a ambas, la identidad y la autoestima como componentes definitorios de la personalidad humana. Sin los elementos de la psicología del merecimiento el concepto de autoestima está vacío y posee poco sentido.

4. Los niveles de autoestima que una persona posee dependen de los niveles de la psicología del merecimiento que permean y estructuran su autoestima.

5. En otras palabras, la autoestima y la psicología del merecimiento son esencias palpitantes de una misma realidad que da origen vital a ambas.

6. Ninguna persona puede poseer y expresar una

autoestima alta, robusta, saludable, estable y consistente, si esa misma persona tiene y expresa una psicología del merecimiento pobre, débil, inestable, no saludable e inconsistente. Es como el dicho que dice, que una misma fuente ofrece agua dulce o agua salada, no ambas aguas.

7. Este libro señala que la vía más expedita para aumentar la autoestima es trabajar con los elementos esenciales de la psicología del merecimiento.

8. La correlación de la psicología del merecimiento y la autoestima es automática en términos de sus aspectos y componentes vitales, y ambas se influencian mutuamente en sus esencias psicoemocionales.

9. Sabemos que una persona que desarrolla y muestra una psicología del merecimiento robusta, saludable, estable y consistente, por lo general desarrolla y exhibe una autoestima robusta, saludable, alta, estable y consistente.

10. Desgraciadamente, el polo negativo de esta ecuación es observable también: una persona que desarrolla y manifiesta una psicología del merecimiento pobre, débil, inestable, no saludable e inconsistente, por lo general también desarrolla y muestra una autoestima pobre, baja, débil, no saludable e inconsistente.

Claves para aumentar la autoestima

La clave para aumentar los niveles de la autoestima de una persona es enseñarla a incrementar los grados de su psicología del merecimiento.

Algunos pasos de este proceso

Paso # 1 de este proceso: evaluar la autoestima con la aplicación de varios cuestionarios disponibles ya para esos fines, para determinar los niveles de los niveles de la autoestima en esos momentos. Los beneficios de este paso resultan más efectivos si se realiza acompañado de un profesional.

Paso # 2 de este proceso: los resultados de la aplicación de los cuestionarios para evaluar la autoestima mostrarán los elementos importantes de la psicología del merecimiento que se deben trabajar para que persona incremente los grados de su psicología del merecimiento.

Paso # 3 de este proceso: el objetivo básico de este trabajo en equipo es incrementar los grados de la psicología del merecimiento de la persona, porque al hacerlo, los niveles de la autoestima crecerán al unísono con su consorte vital que es componente esencial de su existencia. La psicología del merecimiento es la piedra angular de la autoestima de cada persona.

Paso # 4 de este proceso: en este libro se detallan varios ejercicios que permiten que la persona tenga la oportunidad de aumentar los grados de su psicología del merecimiento.

El arte de merecer

Merezco desarrollar y expresar una psicología del merecimiento que eleve mi sentido de humanidad. Merezco creerme merecedor/a de recibir y disfrutar de todas las cosas buenas y bellas que la vida me ofrece. Merezco vivir como un ser humano pleno.

Merezco saber y entender que la psicología del merecimiento es un componente vital de mi humanidad. Merezco practicar la psicología del merecimiento en todas mis relaciones e interacciones.

Bibliografía

El autor decidió no mencionar bibliografías específicas al final del libro e invitar a los lectores a leer e investigar todos autores que se citan en todo el contenido del libro.

Biografía de Hector Williams Zorrilla

Hector Williams Zorrilla es psicólogo, profesor universitario de psicología y sexualidad humana, coach y conferencista, y autor de varios libros. Su libro más reciente es "El arte de sanar los traumas de la niñez (sobre autoestima y psicoterapia)".

Otros libros de este autor son; "El árbol de tu vida: tu mente es el terreno, tus pensamientos son las semillas", "La psicología del amor: El amor romántico (para aprender a amar", "Las ventanas abiertas del amor (relatos para despertar las hormonas del amor)", "De amor y de sueños", "Los reinos de la ternura", y con Jenifer M. Vanderhorst como coautora, los libros "Sexo es lo que somos, no lo que hacemos - la sexualidad científica en el mundo de hoy", y "Encontrarse consigo: la magia del coaching - El arte del acompañamiento para transformarte en una mejor versión".

Contactar al autor en su website: www.hectorwilliamszorrilla.com

Ángela Margarita Rodríguez Borrero psicóloga clínica con maestría en Psicología Clínica y de la Salud, así como en Psicología Escolar. Su trabajo está guiado por valores como la empatía, el respeto, la ética y el compromiso con el bienestar integral, buscando siempre generar espacios de crecimiento, aprendizaje y transformación personal.

www.ingramcontent.com/pod-product-compliance
Lightning Source LLC
Chambersburg PA
CBHW071954100426
42738CB00043B/2897